Karl Doehring
Von der Weimarer Republik
zur Europäischen Union

Karl Doehring

Von der Weimarer Republik zur Europäischen Union

Erinnerungen

wjs

INHALT

WARUM MEINE LEBENSERINNERUNGEN
GESCHRIEBEN WURDEN

Der Entschluss, Erlebnisse aus meinem nun schon langen Leben zu rekonstruieren, beruht auf einer Beobachtung, die man wohl nur als Älterer machen kann. Ein Beispiel mag das erläutern. Auf einer Tagung der deutschen Staatsrechtslehrer in den neunziger Jahren und also nach der Wiedervereinigung der beiden Teile Deutschlands ging es darum, die Auffassungen der prominenten Vertreter des Staatsrechts in der Zeit des Nationalsozialismus zu untersuchen. Die Referenten waren jüngere Kollegen, die die NS-Dikatur selbst nicht erlebt hatten. In der anschließenden Diskussion sagte ich, es sei ihnen zwar hervorragend gelungen, die rechtspolitischen Positionen dieser Juristen wiederzugeben und die Auswertung der damaligen Literatur sehr sorgfältig vorzunehmen. Es sei ihnen aber nicht gelungen und hätte ihnen wohl auch nicht gelingen können, die Gründe aufzudecken, die zu den damaligen Lehrmeinungen geführt hatten, und so den realen Zeitgeist einzufangen. Das könne wohl nur ein Zeitgenosse, der die Zeit erlebt habe. Sie hatten weder den Reichstagsbrand noch die Atmosphäre der Machtergreifung Hitlers noch den Schock des sogenannten Röhm-Putsches erlebt.

Sind deckungsgleiche Rekonstruktionen überhaupt möglich? Vor diesem Dilemma steht jeder Historiker, der die Vorgänge früherer Zeiten erläutern will und muss. Eindrucksvoll heißt es in Goethes Faust: »Was Ihr den Geist der Zeiten heißt, das ist im Grund der Herren eigener Geist.« Spätere Betrachter früherer Zeiten neigen verständlicherweise dazu, die Beweger der Zeiten in den Mittelpunkt ihrer Betrachtungen zu stellen, nicht aber die Bewegten. Stützt man sich auf Memoirenliteratur, kann man feststellen, dass die Verfasser, meist berühmte Zeitgenossen und Beweger der Zeitläufte, ihre damaligen Ziele und vor allem die Rechtfertigungen ihres Handelns in den Vordergrund stellen, und also ist meist »der Herren eigener Geist« ausschlaggebend. Das schien mir etwa für den dritten Band von Bismarcks »Gedanken und Erinnerungen« zuzutreffen, den ich in jungen Jahren las, und ebenso für Carl Schmitts »Ex captivitate salus«. Von den Gedanken des durchschnittlichen Zeitgenossen, seinen Empfindungen, Verhaltensweisen, von seinem Mut oder seiner Feigheit und von seiner Ablehnung oder seiner Akzeptanz der Beweger ist wenig oder auch gar nicht die Rede. Obwohl sich doch so erst der »Geist der Zeiten« offenbart.

Da ich kein Beweger des Zeitgeistes war, bestenfalls später als Hochschullehrer versucht habe, auf den Zeitgeist Einfluss zu nehmen, möchte ich vermitteln, wie ein »Bewegter« frühere Zeiten erlebte. Auch für jüngere und jüngste Ereignisse mag sich eine solche Betrachtung im Hinblick auf eine spätere Beurteilung und eine gewisse Wahrheitserkenntnis, soweit das überhaupt möglich ist, als fruchtbar erweisen. Auch dafür seien Beispiele gegeben. Wer die zum Teil gelobte, zum Teil kritisierte Wehrmachtsausstellung besuchte, hat nichts darüber erfahren, wie der »normale« Soldat und Offizier als Teil eines Millionenheeres dachte oder sich verhielt. So musste der Rückblick auf die Wehrmacht in eine Schieflage geraten. Wer über die berüchtigte SS heute hört oder liest, erfährt nichts darüber, dass sich der größte Teil der sogenannten Waffen-SS von der feldgrauen Wehrmacht in Verhalten und soldatischer Auffassung nicht unterschied. Ich habe das selbst auf einem gemeinsamen Kompanieführerlehrgang feststellen können. Es gab Wehrmachtsoffiziere, die, ohne irgendwelche intensiven NS-Überzeugungen, mich überreden wollten, zur Waffen-SS zu wechseln, weil dort die Ausrüstung wesentlich besser sei. Ein anderes Beispiel bietet die nachträgliche Beurteilung der sogenannten Achtundsechziger. Wer deren Aktivitäten vor über dreißig Jahren erlebt hat, kann über die Beschreibung und vor allem Beurteilung dieser Zeiten durch heutige Politologen und Soziologen, die nichts davon selbst erlebt haben, nur staunen.

Und eines sollte noch vermerkt werden: Wenn frühere Zeiten, insbesondere Kriegs- und Katastrophenzeiten, heute in Filmen, Hörspielen und in den Printmedien wiederbelebt werden, wirkt das auf denjenigen, der das alles selbst erlebt hat, in vielen Fällen ungemein theatralisch. Der Zeitgenosse stand nicht auf einer Bühne. Der Soldat sang nicht dauernd vaterländische Lieder, sondern die Härte des Augenblicks schlug sich sehr profan in seinem täglichen, besser gesagt: stündlichen Leben nieder. Das Kind erlebt die Schule als Realität, nicht die Schulpolitik. Der Jurist erlebt den Fall, nicht die Rechtsphilosophie, so bedeutsam sie auch ist.

Ich hoffe, diese Hinweise und Beispiele sind geeignet zu zeigen, welche Konzeption dem nachfolgenden Lebensbericht zugrunde liegt. Meine Erlebnisse sollen einen bescheidenen Beitrag zu Abrundung der Beurteilung des Zeitgeistes liefern. Wer andere Erlebnisse zu berichten weiß, mag auch zu anderen Ergebnissen gelangen.

I

Wie die Vorfahren die Betrachtungsweise der Zeitgenossen beeinflussen

Auf einem Kongress nach der »Wende« der osteuropäischen Staaten, bei dem es unter anderem auch um die Rechtsentwicklung in diesen Staaten ging, forderte der Vorsitzende auf, die Diskussion solle doch mit den Beiträgen derjenigen Teilnehmer eröffnet werden, die aus den Ostgebieten stammten – womit er natürlich die polnischen, tschechischen oder ungarischen Kollegen meinte. Diese Aufforderung, die ich gar nicht sogleich begriffen hatte, irritierte mich. Mein letzter ziviler Wohnsitz vor Kriegsende war Kattowitz in Oberschlesien gewesen, weil meine Mutter als »Ausgebombte« dorthin verzogen war und mich ebenfalls in die Wohnsitzliste eintragen ließ. Mein Großvater väterlicherseits war Landrat in Marienburg, mein Vater war in der Burg geboren. Ich war in Königsberg als Student immatrikuliert. Alle diese Orte und Gebiete waren doch – auch – meine Heimat, vor allem aber die meiner Vorfahren. So meldete ich mich mit diesem Hinweis zu Wort.

Ich erwähne diesen Vorgang nur deshalb, weil er mir selbst bewusst machte, wie stark doch diese »Vorbindung« meine eigene Existenz geprägt hatte. Meine

*Adolf Doehring, Landrat in
der Marienburg, Großvater
des Autors*

väterliche Familie war, soweit ich ihre Wurzeln zurück-
verfolgen kann, ost- und westpreußisch. Mein Urur-
großvater soll, wohl in der Zeit der sogenannten Konti-
nentalsperre, viel Geld verdient haben und elf Söhne
gehabt haben, die er fast alle mit Landbesitz ausstattete.
Eines dieser Güter hieß »Doehrings-Hof«; wie es heute
heißt, falls es noch besteht, weiß ich nicht.

Mein Großvater Adolf Doehring war wohl der erste
Jurist in der Familie. Als Leutnant zeichnete er sich im
Feldzug 1870/71 dadurch aus, dass er, da der Kommandeur der Einheit einen Angriff für nicht durchführbar
hielt, das Kommando mit dessen Billigung übernahm
und dann die Montretou-Schanzen erfolgreich stürmte.

Er erhielt hohe militärische Auszeichnungen und genoss die Zuneigung Friedrich III., des späteren 99-Tage-Kaisers. Diese »Bekanntschaft« hatte wohl auch zur Folge, dass er zum Landrat ernannt wurde, mit Amtssitz in der Marienburg. Später wurde er als Oberregierungsrat in das Preußische Bau- und Finanzdirektorium in Berlin berufen. Er heiratete die Tochter eines schlesischen Leinenfabrikanten aus Lauban. Mein Vater wurde in der Marienburg geboren, studierte in Königsberg Jura und war, wie schon mein Großvater, Korpsstudent in der schlagenden Verbindung Baltia. Mein Vater nahm am Ersten Weltkrieg als Soldat nicht teil. Zwar hatte er bei den sogenannten Schwarzen Husaren, den Mackensen-Husaren, in Danzig-Langfuhr gedient, aber wegen einer Kopfverletzung, erlitten in einer Mensur, konnte er keinen Helm tragen.

Meine Mutter, geborene Metelmann, stammte aus Mecklenburg. Ihr Vater war Senator in Parchim, starb aber schon mit 36 Jahren, sodass meine Großmutter ihre beiden Töchter unter schweren Bedingungen allein aufzog, denn Alleinerziehende waren damals noch keine Zeiterscheinung. Aber auch meine mütterliche Familie war dann mit Ostpreußen eng verbunden: Meine Tante heiratete den Gutsbesitzer Alfred Kahle, dessen Besitzungen bei Mohrungen an den Oberländer Seen lagen und später von meinem Vater in den für die Landwirtschaft schweren zwanziger Jahren finanziell unterstützt wurden, vor allem weil mein Onkel Kahle früh verstarb und meine Tante das Gut allein bewirtschaften musste. Mein Vater war auch für einige Zeit

Teilhaber der Allensteiner Zeitung und mit dem Grafen Finkenstein auf Simnau befreundet, einem Gut, das an das meiner Tante grenzte. Zudem war er auch immer wieder als »alter Herr« im Corps Baltia tätig, insbesondere als dieses unter Protest meines Vaters in der NS-Zeit »gleichgeschaltet« wurde.

Einer meiner Patenonkel war Arnold Kressmann, vormals Landrat in Lauenburg (Hinterpommern), dann Ministerialrat im Preußischen Innenministerium in Berlin; der andere Patenonkel war Wilhelm Berndt, Richter am nun schon legendären Preußischen Oberverwaltungsgericht, an das auch Kressman »versetzt« wurde, als man entdeckte, dass eine seiner Großmütter nicht ganz »arisch« war.

Zur Familie im weiteren Sinne zählte auch Bruno Doehring, ein entfernter Vetter meines Vaters, der als letzter Hofprediger am Berliner Dom predigte, bekannt auch als Theologieprofessor und beachteter Luther-Interpret. Er war jünger als mein Vater, hat meine beiden Eltern beerdigt und meine Frau, Eva-Maria, geborene Borchart, mit mir getraut.

Mein Vater war dann kurze Zeit Assistent bei Otto v. Gierke, dem berühmten Professor für Zivilrecht, zusammen mit Erich Kaufmann, dem späteren Völkerrechtsberater von Adenauer, mit dessen Mutter und Bruder wir in Berlin in der Uhlandstraße einige Jahre zusammen wohnten. Mein Vater versuchte, bei Paul Laband, dem bekannten Professor für öffentliches Recht, zu promovieren, was aber nicht gelang, denn entweder war sein Lehrer noch nicht mit der Arbeit zufrieden oder mein Vater selbst war es nicht. Er nahm dann das Angebot an, Sozius in einer der renommiertesten Anwaltskanzleien Berlins zu werden.

Ich selbst bin in Berlin geboren, getauft von Bischof Dibelius in der Kaiser-Wilhelm-Gedächtniskirche und konfirmiert im Dom. Das sind die Wurzeln meines Herkommens, und ich werde noch oft auf sie zurückkommen. Sicher scheint mir, dass sie meine späteren Ansichten über Nation, Staat, Gesellschaft und Recht entscheidend geprägt haben und dass sie in nahezu allen Erlebnisberichten aus meinem Leben aufleuchten und meine Berichte färben. Wesentlich aber ist, dass sie mir immer bewusst blieben und ich ihrer Wirkung auf mein Leben stets gewärtig war.

II

ALS KIND UND SCHÜLER
IN DER WEIMARER REPUBLIK

Im März 1919 wurde ich in Berlin-Wilmersdorf geboren. Meine Mutter erzählte mir, dass zu dieser Zeit gerade die letzten Schüsse des Spartakus-Aufstandes ver-
klungen waren. So war ich eben noch ein Kind der
Revolution, denn die Reichsverfassung von Weimar
trat erst im August des Jahres in Kraft.

Diese Verfassung hielt nicht stand; sie wurde 1933
durch eine legale Revolution – wie manche sagten –,
spätestens aber mit dem sogenannten Ermächtigungsgesetz beendet, das die zwölfjährige Naziherrschaft
einläutete. Darauf folgte 1949 der Erlass des Grundgesetzes der Bundesrepublik Deutschland als »Proviso-
rium«, das 1990 mit dem Zwei-plus-Vier-Vertrag und
der in ihm enthaltenen Herstellung der vollen Souveränität Deutschlands »endgültige« Gestalt annahm. So
erstreckte sich mein Leben über eine Zeitspanne, in
der mein Staat fünf Mal erneut verfasst wurde. Eine
sechste Verfassung wäre der bisher nicht in Kraft getre-
tene Europäische Verfassungsvertrag gewesen. Ich kann
mich deshalb eines Lächelns nicht erwehren, wenn
Tagespolitiker von den »Unumkehrbarkeiten« politischer Entscheidungen sprechen.

Mein Elternhaus war konservativ, politisch eigentlich deutsch-national. Obwohl sein Herz der konstitutionellen Monarchie zuneigte, war mein Vater zu klug, um zu erwarten, dass die Hohenzollern eines Tages auf den Thron zurückkehren würden. Was er aber anstrebte, war die Chance, eine politische und gesellschaftliche Ordnung zu sichern, die die überkommenen Werte aus der Zeit der Monarchie nicht nur respektierte, sondern als Grundtenor des Staatsbewusstseins auch der Republik bewahrte. Er gehörte keiner politischen Partei an, war aber gut bekannt mit Persönlichkeiten, die in etwa seiner Auffassung waren, unter anderem mit Hugenberg, v. Oldenburg-Januschau oder v. Kleist-Schmenzien, der dann gegen Ende der nationalsozialistischen Herrschaft ermordet wurde. Mein Vater lehnte die Reichsverfassung von Weimar nicht völlig ab, aber er hielt sie für ungeeignet, die politischen Kräfte zur positiven Staatsgestaltung in seinem Sinne zu bändigen. Am Verfassungstag, dem 11. August, hatte er Verständnis dafür, wenn wir Kinder nicht zur Schule gingen, und meine Eltern schrieben mir eine Entschuldigung. Schwarz-Rot-Gold waren nicht unsere Farben. Wenn wir überhaupt je eine Fahne zeigten, in Berlin oder auf unserem uckermärkischen Landgut, war sie nicht Schwarz-Rot-Gold oder später mit Hakenkreuz versehen, sondern Schwarz-Weiß-Rot. Wie mir mein Vater erzählte, hatte er als Student häufig Bismarcks Politik kritisiert, nicht aber die Reichsgründung.

Neben der Schilderung persönlicher Erlebnisse in der Weimarer Zeit scheint es mir wichtig, ein paar allgemeine Hinweise zu geben. Es waren sowohl staatsrechtliche als auch gesellschaftliche Phänomene, die für mich als Kind und Schüler die Zeit prägten und die man wohl mit den Stichworten Nationalisten und Weltbürger, Arbeiterpropaganda, militärisches Denken und Arbeitslosigkeit umschreiben kann. Zum ersten und wohl bedeutungsvollsten Gesichtspunkt ist das Folgende zu sagen: Die Bürger waren national oder international und weltbürgerschaftlich eingestellt. Die national eingestellten Bürger waren, von Ausnahmen abgesehen, nicht nationalistisch in dem Sinne, dass sie sich anderen Nationen überlegen fühlten, sondern sie waren, um es in Kürze auszudrücken, von Vaterlandsliebe erfüllt. Die Weltbürger hingegen waren nicht durchweg Verneiner patriotischer Werte, aber das Vaterland bedeutete ihnen keinen Wert mehr, den es besonders zu schützen gelte. Gerhard Anschütz, Professor für Staatsrecht in Heidelberg und Berlin und bekanntester Kommentator der Reichsverfassung, dessen Lehrstuhl in Heidelberg ich selbst etwa dreißig Jahre später innehatte, berichtete über den »Zynismus« des Abgeordneten Cohn, der im Reichstag das Deutsche Reich als eine »bankrotte Firma« bezeichnet hatte und den Staatsnamen »Deutsches Reich« ablehnte. Es sei hier aber auch angemerkt, dass Anschütz sein Amt als Staatsrechtslehrer nach Hitlers Machtübernahme im Jahr 1933 niederlegte, weil er unter dem neuen Regime nicht Deutsches Staatsrecht lehren wollte.

Dass diese Spannung die gesamte Zeit von Weimar durchzog, war mir schon als Kind bewusst. Die Auseinandersetzungen zwischen diesen Fronten waren sowohl handgreiflicher als auch intellektueller Natur. Als ich auf meinem Schulweg, der über den alten Königsplatz führte – seit Mitte der zwanziger Jahre bewohnten wir eine große Wohnung »In den Zelten« hinter der Kroll-Oper – einen preußischen Marsch vor mich hin pfiff, flogen mir Steine von Bauarbeitern hinterher, denen ich nur durch schnelle Flucht entging. Die nationalen Deutschen bedachten ihre Gegner mit dem Schimpfwort »vaterlandslose Gesellen«, die Betroffenen antworteten mit schmähenden Charakterisierungen des traditionellen Bürgertums, etwa wenn Tucholsky dichtete: »Du wirst mal Landgerichtspräsident, einer, der die Gesetzbücher kennt, einer, der in den Sitzungen pennt, die Fresse zerhackt wie ein Corpsstudent.« Auch die politisch wie juristisch umstrittene Verurteilung von Carl v. Ossietzky durch das Reichsgericht wegen Landesverrats betraf das Spannungsverhältnis des Nationalbewusstseins. Ossietzky hatte in der »Weltbühne« behauptet, dass der Vertrag von Versailles durch geheime Aufrüstung der Schwarzen Reichswehr verletzt werde. Die Nationalen begrüßten dieses Urteil, die Weltbürger waren empört.

Ein zweites Thema, das den Zeitgeist von Weimar beherrschte, waren der Begriff und die Position des »Arbeiters«. Natürlich war das Problem alt; man hatte Gerhart Hauptmann gelesen oder früher schon Émile Zola. Aber im politischen Kampf der neuen Republik war die Arbeiterschaft, um deren Sympathie die Kommunisten ebenso bemüht waren wie die Nationalsozialisten, zu einer zentralen Größe geworden. Für die Kommunisten war das Bemühen um die Sammlung der Arbeiterklasse eine Selbstverständlichkeit, aber das gleiche Bestreben bestimmte auch die Propaganda der extremen rechten Seite. Die Nationalsozialisten betonten die Einheit der »Arbeiter der Stirn und der Faust«, was auch in der Bewunderung für »unseren kleinen Doktor« Goebbels zum Ausdruck kam. Es gab Arbeiterliteratur, in der die Bitterkeit gegenüber den sogenannten Schlotbaronen zum Ausdruck kam. Für nichtkonforme Kumpane war das Schimpfwort »Arbeiterverräter« gängig. Die soziale Kategorie der Arbeiter, in die man insbesondere von der linken Seite eher die Industriearbeiter als die Landarbeiter einordnete, besteht heute nicht mehr oder bestenfalls in Art der Gastarbeiter. Doch damals war sie bestimmend für die Atmosphäre des politischen Kampfes. Diese Arbeiter waren die wesentlichen Partizipanten der Saalschlachten, die Wahlplakate waren an sie adressiert. Der Kommunistenführer Thälmann war »Arbeiter« oder gab sich doch zumindest einen solchen Habitus, und der ermordete Hitlerjunge Herbert Norkus war ein »Arbeiterkind«. Von entscheidenden Aktivitäten der Gewerkschaften habe ich als heranwachsender Schüler kaum etwas bemerkt; nur aus den Erzählungen meiner Eltern erfuhr ich von dem Scheitern des Kapp-Putsches, den ein Generalstreik lahmlegte.

Das dritte und von mir als Kind und Schüler sehr nachdrücklich erlebte Phänomen war die Position der Reichswehr. Jedermann empfand sie als Ausdruck eines natürlichen Nationalgefühls, durchaus auch respektiert von den »Linken«, weniger vielleicht von den linken Intellektuellen. Die Reichswehr war das Residuum des nationalen Selbstbewusstseins. Konkret war das zum Ausdruck gebracht in der sonntäglichen Wachablösung. Von Moabit kommend marschierte die Wachkompanie über den Königsplatz und durch das Brandenburger Tor bis zur Neuen Wache Unter den Linden. Der Spielmannszug und das Bläserkorps, angeführt vom Tambourmajor und gefolgt vom Schellenbaumträger, ließ preußische Militärmärsche erklingen, den Hohenfriedberger-Marsch, den Torgauer-Marsch oder Fridericus Rex. Es folgte der Kompaniechef, ein Hauptmann zu Pferde, und dann die Wachkompanie mit geschultertem Gewehr in stampfendem Gleichschritt und mit unbewegten Gesichtern. Diese Marschkolonne wurde rechts und links von einer großen Masse von Bürgern begleitet, die stumm mitgingen. Hier nun war jeder politische Kampf zwischen Nationalen und Weltbürgern zu Ende. Niemand wäre auf den Gedanken gekommen, die Soldaten anzupöbeln oder auch nur anzurufen oder zu pfeifen, wie dies die Bundeswehr anlässlich von Vereidigungen oder Paraden erleben musste. Das Volk begleitete die Soldaten wie ein geheimes Credo. Es bedurfte keiner Polizeiabsperrungen oder Umleitungen des Straßenverkehrs für die Wachkompanie.

Das sogenannte 100 000-Mann-Heer war aber nicht nur tabuisiert in Bezug auf Schmähungen, wenn man von Tucholskys »Soldaten sind Mörder« einmal absieht, sondern es inspirierte nahezu alle politischen

Parteien zu einer gewissen Nachahmung. Nicht nur die SA und der »Stahlhelm«, der für deutsch-national galt, sondern auch die Sozialisten uniformierten sich in der »Eisernen Front« mit dem Symbol der drei Pfeile, und auch die Kommunisten traten meist in Turnerbünden oder als »Arbeiterbataillone« auf. Ich selbst habe damals übrigens niemand gekannt, der Tucholsky gelesen hätte oder als Schullektüre präsentiert bekam. Dieses militärische Benehmen – bis zu der Tendenz zur Uniformierung – schien mir nicht einem militaristischen Bewusstsein zu entspringen, sondern war Ausdruck von Pflichtbewusstsein gegenüber der jeweiligen politischen Gruppierung und von Disziplin ihr gegenüber. Saalschlachten fanden in Zivil statt, während uniformierte Verbände wie die SA oder die Eiserne Front geschlossen marschierten, Kampflieder sangen oder von Schallmeien-Kapellen begleitet wurden. Die Uniform verlieh Haltung gegenüber den Zivilisten. Dass Steine oder Brandsätze gegen die Polizei geschleudert wurden, habe ich erst 1968 erlebt, aber nicht in der Weimarer Zeit.

Den ersten nachhaltigen Eindruck vom politischen Geschehen erhielt ich mit vier Jahren, in einem Alter also, in dem man auch als Kind wachsam wird. Es war nicht die Inflation, von der ich nichts merkte, sosehr sie auch die Erwachsenen umtrieb. Es waren vielmehr die Reisen durch den polnischen Korridor, wenn wir die Sommerferien auf dem Gut meiner Tante in Ostpreußen verbrachten. Die Eisenbahnwagen wurden plombiert, polnische Polizei und polnisches Militär durchsuchten die Wagen und das Gepäck der Reisenden, die diese Prozedur mit starren Gesichtern über sich ergehen ließen und dann gemeinsam schimpften. Es war nicht einfacher Ärger, der sich zeigte, sondern verhaltene Wut. So wurde ich eingeführt in die Folgen des Vertrages von Versailles, die Reparationsfragen und den Kriegsschuldvorwurf. Ich erfuhr, dass der Kaiser sich abgesetzt hatte, was manche für verächtlich, andere für klug hielten. Ostpreußen war mit den Namen Hindenburgs und Ludendorffs verbunden.

Von den vermeintlich »goldenen« zwanziger Jahren empfing ich wenig Eindrücke. Für mein Elternhaus und unseren weit gespannten Freundeskreis waren die Beteiligten an dieser exzessiven Gesellschaft Mitglieder einer Halbwelt, auch wenn Intellektuelle und Künstler zu ihr zählten. Mein Vater war Mitglied des Clubs von Berlin, in dem sich Geschäftsleute, Bankiers, Anwälte, Ärzte, Wissenschaftler und Großgrundbesitzer trafen. Meine Mutter war engagiertes Mitglied des Luisenbundes, einer Vereinigung von Damen, die im Andenken an Königin Luise von Preußen karitativ tätig waren. Mein Vater engagierte sich in jenen Jahren kaum in der Politik, anders als dann später in der Nazizeit. Er war als Rechtsanwalt und Notar an der Fusion der Deutschen Bank mit der Discontogesellschaft beteiligt – ein besonders beachteter Vorgang in der Zeit der Bankenkrise – und erzählte mir, dass er zusammen mit anderen Kollegen auf einen großen Teil seiner Bezüge zugunsten arbeitsloser Angestellter verzichtet hatte.

Das Wort »Nationalsozialist« hörte ich zum ersten

Mal Mitte der zwanziger Jahre, als ich mit unserem Hund, einer großen Dogge, im Tiergarten spazieren ging. Ich muss damals wohl acht oder neun Jahre alt gewesen sein. Ein jüngerer Herr in gut geschnittenem Anzug sprach mich an und fragte, ob ich ihm das Tier verkaufen könne. Er bot mir zehn Reichsmark an. Auf meine Frage, warum er den Hund, der nicht ungefährlich sei, denn haben wolle, erwiderte er, gerade deswegen könne er ihn gut gebrauchen, denn er sei Nationalsozialist, und bei politischen Veranstaltungen gäbe es oft Schlägereien in den Versammlungssälen. Ich verkaufte den Hund natürlich nicht, fragte meine Eltern aber, was denn ein Nationalsozialist sei. Das seien vielleicht ganz ordentliche Leute, erklärte meine Mutter, die dem Vaterland auf die Beine helfen und möglicherweise sogar die Monarchie wieder errichten wollten. Mein Vater dagegen war erheblich skeptischer. Er verstehe zwar, was sie wollten, aber sie hätten weder das moralische Fundament noch die entsprechende Bildung, um den Staat zu regieren.

Beides leuchtete mir damals ein. Denn die SA gab sich zwar den Anschein einer anständigen Grundhaltung und wenn sie in disziplinierter Marschordnung durch die Straßen zog, betrachteten viele Bürger die ordentlich wirkenden Braunhemden nicht ohne Sympathie. Hörte man den Reden ihrer Agitatoren aber aufmerksam zu, irritierte einen die darin zutage tretende Primitivität und Brutalität der Argumente. Doch gerade dieser Eindruck einer etwas naiven Brutalität, gepaart mit ostentativer »Sauberkeit« und Ordnung, half Hitler außerordentlich, vor allem in den Augen der »einfachen« Bevölkerung, die sich an die früheren, großen Zeiten erinnert fühlte. Insbesondere die Landbevölkerung war von dieser äußeren Haltung der NS-Organisation beeindruckt. Ich erfuhr das immer wieder, wenn wir die Ferien auf unserem Gut in der Uckermark verbrachten. »Ach ja«, pflegte unser Hofschmied, der natürlich Frontsoldat gewesen war, zu sagen, »käme es doch wieder so, wie es einmal war.« Als Hitler dann die Macht übernahm, waren viele Deutsche ehrlich begeistert, auch die jüngeren Arbeitgeber und Unternehmer. Mein Vater hingegen war resigniert. Als ich ihn fragte, ob er den allgemeinen Aufbruch nicht unterstützen wolle, denn Menschen wie ihn brauche man nun doch, winkte er ab. Jetzt käme eine Verbrecherbande an die Macht, und das würden wir noch sehen.

Dieser soziale Befund, insbesondere aber die Massenarbeitslosigkeit, prägte das Alltagsbild entscheidend. Man brauchte keine Statistiken über die sechs bis sieben Millionen Arbeitslosen zu lesen, um Bescheid zu wissen. Wenn wir als Schüler mit dem Fahrrad durch Berlin fuhren, sahen wir vor den Arbeitsämtern die Warteschlangen derjenigen stehen, die »stempeln« gingen, wie man damals sagte. Die Unterstützung war so gering, dass viele Arbeitssuchende buchstäblich jede Arbeit annahmen. Oft klingelten Leute an unserer Wohnungstür und fragten, ob es irgendeine Arbeit gebe: Kohle schleppen, Gartenarbeit, Möbel packen, Botengänge, Reparaturen, Fenster putzen, aber auch

Klavierunterricht oder Nachhilfestunden für uns Kinder. Manchmal fragten wir die Arbeitssuchenden nach ihrem Beruf. Die Antworten waren erstaunlich: Voll ausgebildete Juristen putzten Fenster und Bankbuchhalter trugen Kohlen.

Unübersehbar war, dass die Arbeitslosen radikalisierbar waren. Häufig schlossen sie sich den straffen politischen Organisationen oder den paramilitärischen Verbänden an, Viele füllten so ihr Leben als quasiberufliche SA-Männer aus oder warteten in den Parteilokalen darauf, zu Agitationen aufgerufen zu werden. Man schämte sich nicht, dass man arbeitslos und vielleicht überflüssig sei, denn in gewisser Weise wurde der Zustand wegen seiner Massenhaftigkeit als normal empfunden und deshalb einfach hingenommen, wenn auch mit verhaltener Wut. Immer mehr Wohnungen standen leer, weil die arbeitslosen Familien eng zusammenrücken mussten. Die politischen Versammlungen vor allem der radikalen Parteien waren überfüllt von Arbeitslosen, die ihren Tag mit dem Besuch derartiger Veranstaltungen ausfüllten. Sogenannte Hofsänger waren eine alltägliche Erscheinung in den Hinterhöfen, und man warf ihnen meist in Zeitungspapier eingewickelte Zehnpfennigstücke herunter. Die Geschäftsstraßen waren belebt von Anbietern billigster Artikel wie Kinderspielzeug und Küchenbedarf. Der »Eckensteher Nante« gehörte zum Stadtbild. Wenn die Frage nach Arbeit verneint wurde, gab sich der Bittsteller an der Haustür auch mit einem belegten Brot oder alten Flaschen zufrieden, für die er Pfand erzielen konnte.

Soweit ich es in Erinnerung habe, stellte sich die Lage auf dem Land etwas anders dar. Dort gab es immer Arbeit, wenn sie auch sehr gering entlohnt und weitgehend mit sogenannten Deputaten abgegolten wurde, also mit Erzeugnissen der Landwirtschaft wie Kartoffeln, Getreide oder Milch. Auf unserem Gut in der Uckermark gab es feste Gehälter nur für die Funktionäre, wie man heute sagen würde, etwa für die Gespannführer mit vier Ackerpferden, für den sogenannten Schweizer, der die Rinder versorgte, den Schweinemeister mit seiner großen Herde, den Schmied, der die Pferde beschlug und den Traktor bei Bedarf auch nachts als Zugmaschine vor dem Pflug fuhr, für den Stellmacher und den Kutscher. Das waren die ständigen Gutsarbeiter. Ihre Familienangehörigen, Frauen und Kinder, arbeiteten, wenn Arbeit gebraucht wurde, im Akkord, so bei der Getreide- und Kartoffelernte. Für jede Kiepe »gebuddelter« Kartoffeln gab es eine Marke, für die acht Pfennig eingelöst wurden. Die Frauen, aber auch die Kinder des Dorfes, entwickelten dabei einen ungeheuren Fleiß, mit dem wir Stadtkinder, wenn wir selbst während der Ferien auf dem Gut arbeiteten, nicht mithalten konnten, auch wenn wir uns die größte Mühe gaben. In den Stoßzeiten der Getreideernte kamen oftmals polnische Schnitter auf das Gut, wohnten in den »Schnitterkasernen« und zogen nach der Ernte wieder ab. Wir fragten uns damals, ob denn nicht auch die städtischen Arbeitslosen auf diese Weise etwas Geld hätten verdienen können, aber dazu gab es nur Ansätze. So kamen manchmal junge Männer und Frauen aufs Land, die sich zum Verein der »Atamanen« zusammengefunden hatten und geschlossen zur Erntearbeit fuhren.

Auf den Bauernhöfen kleineren Ausmaßes wurde ähnlich gearbeitet, allerdings mit Knechten und unter stärkerem Einsatz der Bauernfamilie. Das Ganze war keine ländliche Idylle, aber doch ein relativ konservatives Gemeinwesen, weshalb es kaum politisch-radikale Gruppierungen gab. Wer sich auf dem Land politisch betätigen wollte, schloss sich meist dem »Stahlhelm« an, war also deutschnational. Das Gleiche galt für die Schützenvereine. Neid gegenüber den Gutsherren, wie er in den industrialisierten Regionen gegenüber den Schlotbaronen zum Ausdruck kam, gab es nicht. Die Gutsarbeiter würdigten die Bemühungen meines Vaters, ihnen das Leben einigermaßen erträglich zu machen, was bei uns allerdings auch deshalb gelang, weil immer wieder Geld, das mein Vater in seiner Anwaltspraxis verdiente, in das Gut investiert wurde, vornehmlich zur Verbesserung der Lebensbedingungen, sei es durch Ausbau der Arbeiterwohnungen, durch Beratungen, durch Ausgestaltung des Erntefestes, durch Weihnachtsfeiern und der Betreuung Erwerbsunfähiger. Das Schimpfwort von der »Gutsherrenart« passte nicht in dieses Bild. Natürlich gab es auch bei den Gutsbesitzern Fälle von überheblicher Selbstherrlichkeit. Aber ich hatte damals den Eindruck, dass den Gutsherren wirklich an der Fürsorge für ihre Landarbeiter gelegen war, und fand das bei den Besuchen auf Nachbargütern in der Uckermark immer wieder bestätigt, etwa wenn wir im Herbst in langem Ritt Lichterfelde besuchten, das Gut von Herrn v. Oldenburg, oder Wolletz, das Herrn v. Rohr gehörte, im Zuge der kommunistischen Bodenreform enteignet und später zum bevorzugten Jagdrevier für Mielke wurde.

Natürlich gab es auch Kommunisten unter den Landarbeitern, aber sie waren weniger militant als in den Städten. Ein Erlebnis im Jahr 1937 hat mich besonders berührt. Ich arbeitete als »Arbeitsmann« des Reichsarbeitsdienstes in der Ernte auf einem Gut in der Neumark bei Arnswalde, zusammen mit anderen »Arbeitsmännern« und vor allem mit den dort ansässigen Landarbeitern des Gutes. Einer von ihnen erklärte mir, er und sein Sohn seien Kommunisten und würden es immer bleiben. Auf meine erstaunte Frage nach den Gründen für diese Haltung sagte er sinngemäß: »Der Arbeitsmann neben dir, ein Arbeiterkind, ist jetzt dein Freund, aber in kurzer Zeit werdet ihr euch nicht mehr kennen. Er bleibt Arbeiter und du wirst wahrscheinlich ein gebildeter Bürger, und das wird euch trennen.« So klar und einfach habe ich in der Weimarer Zeit keinen Kommunisten zu mir sprechen hören. Die Prognose stimmt allerdings nicht ganz, denn der lange Krieg führte Offiziere und Mannschaften zur Kameradschaft und auch zur Freundschaft. Ich wusste, dass ich ohne diese Kameradschaft meines Fahrers, meines Funkers oder meines Schützen erledigt gewesen wäre, und sie wussten das auch. Später hatte ich gehofft, etwas von diesem Gefühl der Zusammengehörigkeit ließe sich über das Ende des Krieges hinaus bewahren, aber das war nicht der Fall. Darauf ist später zurückzukommen.

Von 1929 bis 1936 besuchte ich das Französische Gymnasium (Collège français), das von Friedrich dem Großen für die Hugenotten gegründet worden war. Erste Fremdsprache war Französisch, und ab der Untertertia war auch die allgemeine Unterrichtssprache Französisch, mit Ausnahme der naturwissenschaftlichen Fächer. So habe ich Latein, Griechisch, Erdkunde und Geschichte auf Französisch gelernt. Die Lehrerschaft beherrschte das Französische natürlich exzellent, auch wenn der deutsche Akzent häufig unverkennbar war.

Dass sich die Lehrerschaft politisch engagierte, war bis 1933 zumindest nicht erkennbar. Die Tradition der Schule wurde gepflegt, aber nicht in tagespolitische Bekenntnisse umgesetzt. Insgesamt herrschte wohl eher eine konservative Grundhaltung, insbesondere beim Schuldirektorium, die vor allem bei den Schulfeiern zum Ausdruck kam, ohne doch besonders betont zu werden. Nach 1933 änderte sich das Bild ein wenig. Das Direktorium war gezwungen, dem neuen Zeitgeist Tribut zu zollen. Wenn auch fast schüchtern, wurde von nun an doch ein loyales Verhalten gegenüber dem Regime angestrebt, zwar ohne Hurra-Patriotismus und Parteiparolen, aber doch mit einer gewissen Bereitwilligkeit. Mir ist nur ein Lehrer in Erinnerung, der seine nationalsozialistische Gesinnung ostentativ zur Schau trug, aber auch das nur rein äußerlich, indem er von Zeit zu Zeit in der schwarzen Uniform eines SS-Sturmführers zum Unterricht erschien. Auch er versuchte nicht, uns zu indoktrinieren. Der nach 1933 amtierende Direktor war wohl eher deutsch-national. Er war im

Ersten Weltkrieg Hauptmann gewesen, förderte Wehr-
sportübungen, die damals eingeführt wurden, und bekannte sich zu einem nationalen Selbstbewusstsein,
blieb aber, auch den jüdischen Schülern gegenüber, fair
und neutral.

Die Zusammensetzung der Schülerschaft scheint
mir im Rückblick ein Spiegel der damaligen bürgerlichen und arrivierten Gesellschaft Berlins gewesen zu
sein. Das Gymnasium war, mit ganz wenigen Ausnahmen, eine reine Knabenschule und die Elternschaft
setzte sich aus Juristen, Ärzten, Bankiers, Künstlern,
Kunsthändlern, ehemaligen Offizieren und Diplomaten zusammen. So besuchten auch die Söhne des französischen Botschafters François-Poncet das Gymnasium. Bemerkenswert war, dass ein beträchtlicher Teil
der Schüler, in manchen Klassen fast die Hälfte, aus Familien jüdischer Herkunft stammte. Bis 1933 war das
»normal« auch insofern, als die jüdischen Schüler –
wie auch ihre Elternhäuser – politisch sehr verschiedene
Richtungen vertraten. Zum Teil waren sie christlich-
konvertiert oder deutschnational eingestellt, betonten
mitunter aber auch ihre intellektuellen Verbindungen
und gaben sich weltbürgerlich und international. Als
1930 die Rheinlandbesetzung beendet wurde, stieg ein
jüdischer Schüler mitten im Unterricht und für alle
überraschend auf seinen Stuhl und rief mit heller Stim-
me »Rheinland frei«. Aber auch andere Stimmungen
gab es. Als meine Klasse 1932 für eine Tombola Geld
einsammelte und jemand bemerkte, dass man die Geschenke in deutschen Geschäften kaufen müsse, da es

der deutschen Wirtschaft schlecht gehe, wurde er von den »Weltbürgern« ausgelacht: Er habe ja keine Ahnung von der Bedeutung des internationalen Handels.

Mein allgemeiner Eindruck war, dass die Schüler aus jüdischen Familien etwas frühreifer als wir »Arier« waren. Sie dachten sehr rational, waren unabhängig im Urteil und standen den konventionellen Anschauungen mancher Mitschüler etwas spöttisch gegenüber. Sie besaßen eine schnelle Auffassungsgabe, diskutierten gern und neigten zu originellen Schlussfolgerungen. Natürlich darf man nicht verallgemeinern, aber es schien mir doch so, als stammten die meisten dieser Schüler aus sehr erfolgreichen Elternhäusern, die ihnen Bildung und intellektuelle Selbstständigkeit vermittelt hatten.

Eine enge Freundschaft verband mich mit Jürgen v. Kardorff, dem jüngeren Bruder der Journalistin Ursula v. Kardorff, die so eindrucksvoll über das Ende des Krieges in Berlin geschrieben hat, und mit Hans Schwab-Felisch, dem bekannten Journalisten der Nachkriegszeit. Die politische Einstellung ihrer Eltern war mir bekannt. Der Vater v. Kardorff, ein bekannter Maler, fürchtete schon vor 1933 eine Machtübernahme der Nationalsozialisten und machte keinen Hehl daraus, und der Vater Schwab-Felisch war aktives Mitglied der SPD, wofür er von den Nazis später zum Tode verurteilt wurde.

Im Übrigen war mir nur wenig über die politische Ausrichtung der Elternhäuser meiner Mitschüler bekannt. Mit einem der Brüder v. Braun war ich ebenfalls recht gut befreundet. Der Vater war kurze Zeit Minis-

Der Autor als Zwölfjähriger. Reit- und Fahrtturnier,
Berlin 1931

ter im Kabinett der Barone gewesen, bis Hitler die
Macht an sich riss. Der älteste der Brüder war Wernher
v. Braun, der Raketenspezialist. Von meinem Mitschüler v. Cramon hörte ich, dass er von Zeit zu Zeit bei
Hindenburg zum Mittagessen eingeladen war, worum
ich ihn sehr beneidete. Dass auch ich dem Reichspräsi-
denten später, wenn auch nur für wenige Minuten, be-
gegnete, verdanke ich einem Zufall, der mir in freundlicher Erinnerung bleibt. Mein Vater hatte uns Kindern
einen kleinen irischen Rotschimmel geschenkt, der eigentlich Ignaz hieß, den wir vor 1933 aber nur Nazi
nannten. Mit diesem Pferd nahm ich 1931 im Rahmen
einer Jugendquadrille Berliner Schüler, deren Eltern
über Ponys und Pferde verfügten, an dem Reit- und
Fahrturnier der Grünen Woche in Berlin teil. Ich ritt an

der Tête und hatte Tempo und Formation anzuführen, was nicht ganz leicht war. Aber Nazi führte die Tête unbeirrbar zum guten Ende. Hindenburg, in Marschalluniform, beglückwünschte uns, und ich erhielt eine Erinnerungsmedaille, einen Handschlag und ein freundliches Lob.

Viele meiner Mitschüler sind im Krieg gefallen, das fast normale Schicksal meines Jahrgangs. Die jüdischen Mitschüler konnten 1936/37 noch das Abitur ablegen. Viele wanderten noch rechtzeitig aus. Andere, die geblieben waren, fielen den Nazis zum Opfer.

III

Die Machtübernahme – Hoffnung und Furcht

Die Reaktion der Bevölkerung auf Hitlers Ernennung zum Reichskanzler ist nicht einfach zu beschreiben, denn sie war im Licht der aktuellen Ereignisse fast in wörtlichem Sinne bunt gefärbt. Viele Menschen waren von einer Art Taumel ergriffen, von dem Gefühl, nun werde dem Deutschen Reich wieder internationale Geltung verschafft. Es war schwer, sich von dieser Aufbruchsstimmung frei zu machen, ja man wollte es auch gar nicht. Den nahezu endlosen Fackelzug durch das Brandenburger Tor und die Wilhelmstraße am 30. Januar 1933 habe ich staunend mit angesehen und fühlte mich fast erschlagen von dem Jubel, den die Vorbeimarschierenden Hitler und Hindenburg entgegenbrachten. SA, SS, Stahlhelm und Studentenverbände paradierten in nicht endenden Kolonnen zur Reichskanzlei und zum Reichspräsidentenpalais, und die Begeisterung der Fackeln tragenden Verbände und der sie begleitenden Menschenmenge war fast unwiderstehlich, wie mir auch von ausländischen Beobachtern bestätigt wurde.

Doch niemand, auch ich nicht, konnte damals sagen, wie groß die Zustimmung der Bevölkerung wirklich war. Immerhin brachte der allgemeine Begeisterungssturm doch die Gefühle des einfachen Bürgers zum Ausdruck und war in gewisser Weise eher eine moralische als eine politische Haltung. Viele Deutsche hofften, dass die Zeit der politischen Zerrissenheit nun überwunden sei. Schon als Pfadfinder hatten wir auf Fahrten im Riesengebirge ja gesungen: »Höre, Rübezahl, unsere Klagen, Volk und Heimat sind nicht mehr frei. Schwing die Keule wie in alten Tagen, schlage Hader und Zwietracht entzwei.«

Eines Tages im Februar rief uns mein Vater, als er abends nach Hause kam, noch auf der Treppe stehend zu: »Der Reichstag brennt!« Wir stiegen auf das Dach des Hauses und sahen über den alten Königsplatz hinweg den brennenden Reichstag. Das war wohl eines der eindruckvollsten Bilder, die ich in meinen jungen Jahren empfing. Die offizielle Parole, die Kommunisten hätten den Reichstag angezündet, wurde zunächst weitgehend akzeptiert. Der Reichstag tagte nun in der Kroll-Oper, zwei Gehminuten von unserer Wohnung entfernt. So kostete es mich nur wenige Schritte, um die neuen Machthaber aus der Nähe zu sehen, auch Hitler persönlich, der auf mich durchaus keinen bombastischen Eindruck machte.

Dass der Reichstagsbrand der Auftakt zur rigorosen Unterdrückung jeder Opposition war, wurde uns schon bald klar. Die von Sebastian Haffner beschriebenen brutalen Übergriffe der SA habe ich nicht beobachten können, dagegen umso intensiver die »Durchleuchtung« insbesondere der Beamtenschaft auf ihre Gesinnung und »arische« Abstammung. Diskriminierungen schwerster Art setzten sofort ein. Das äußere Bild meiner engeren Umgebung wandelte sich. Wenn ich zur Schule ging, musste ich das ausgebrannte Reichstagsgebäude passieren, das jetzt, ebenso wie die Kroll-Oper, von SA-Hilfspolizisten bewacht wurde. Das waren Männer mit blauen Polizeimänteln, braunen SA-Mützen und umgehängtem Gewehr, die den Eindruck eines zusammengewürfelten Milizverbandes machten. Furcht erzeugten sie bei mir nicht, eher das Gefühl, dass die theatralische Attitüde nicht ganz ernst zu nehmen sei.

Ein weiteres Ereignis, das als Beginn einer neuen Ära empfunden wurde, war der »Tag von Potsdam«. Ich habe diesen gemeinsamen Auftritt von Hitler und Hindenburg nicht selbst erlebt, aber die Zeitungen und der Hörfunk feierten ihn als nationalen Triumph, und in der Tat hat dieses geschickt inszenierte Treffen der beiden Staatsrepräsentanten die Akzeptanz des Naziregimes im Volk entscheidend gefördert. Auch manche Skeptiker neigten nun dazu, in der neuen Führung eine gesunde Verbindung von Tradition und Aufbruch zu sehen. Dass Hitler im Frack erschien – eine Absonderlichkeit –, ließ die Annahme zu, er werde »bürgerlich« gemäßigt sein, und dass Hindenburg Uniform trug, gab dem Auftritt eine gewisse, auf Tradition beruhende Würde. Einmal mehr kam in der bürgerlichen Welt die Hoffnung auf eine Rückkehr der Hohenzollern an die Spitze des Staates auf.

Das war die Stimmung, in der sich gerade auch die bürgerliche Welt mit den Machthabern zu arrangieren versuchte. Junge Unternehmer und Akademiker, junge

Beamte und Freiberufler schlossen sich den NS-Verbänden an, meistens zwar nicht den »gewöhnlichen« SA-Brigaden, aber doch dem NSKK (Kraftfahrzeugkorps) oder der Reiter-SA. Dort konnte man bleiben was man war – so glaubte man –, natürlich mit Konzessionen an die neue Macht. Mir selbst ging es ähnlich. Die sogenannte Bündische Jugend, das heißt die ehemaligen Pfadfinder, wurde halb gezwungen, halb freiwillig in die Hitlerjugend »überführt«, und so kamen auch meine Freunde und ich in die HJ. Mein älterer Bruder hatte schon in der Schule mit dem sehr lockeren Verband eines NS-Schülerbundes Kontakt aufgenommen, dem auch Pfadfinder angehörten, und ich hatte ihn bisweilen zu diesen Treffen begleitet, bei denen im Wesentlichen die Parole ausgegeben wurde, man müsse verhindern, dass die Kommunisten an die Macht kämen. Beeindruckt waren wir auch von dem Auftreten mancher SA-Führer, die den Freikorps im Baltikum und in Oberschlesien angehört hatten. Mein Vater hatte nichts gegen dieses anfängliche Engagement und unsere Mitgliedschaft in der HJ, auch wenn er uns unmissverständlich sagte, man werde schon sehen, was für ein Ende das alles nehmen werde. Eine persönliche und politische Entfremdung zwischen Vater und Söhnen in diesem ersten Jahr der Machtübernahme war aber völlig ausgeschlossen, und das gegenseitige Vertrauen war unbegrenzt.

Wir versuchten, unsere alten bündischen Ideale auch in der HJ zu pflegen, wurden aber wegen unserer immer skeptischeren Haltung, die wir mit dem Tragen von weißen Strümpfen, blauen Skihosen und weißem Anorak auch nach außen bekundeten, in gewisser Weise ausgegrenzt und überwacht. Und so ging die anfängliche Aufbruchsstimmung langsam in Enttäuschung und Ernüchterung über. Gleichwohl ahnte damals wohl niemand, was da auf uns zukam.

IV

POLITISCHE VERFOLGUNG

So verhalten optimistisch wir die neue Ära Anfang
1933 begrüßt hatten, so schnell wurden unsere Illusio-
nen zunichtegemacht.

Im Frühjahr 1934 erschienen im Büro meines Vaters
zwei Männer, die sich als Polizeibeamte auswiesen und
ihn verhafteten. Die Sekretärin meines Vaters teilte das
telefonisch meiner Mutter mit. Eine offizielle Benach-
richtigung der Familie erfolgte aber nicht. So machten
meine Mutter und ich uns auf den Weg zum Polizeiprä-
sidium, wo man uns zur Vossstraße verwies, dem be-
rühmt-berüchtigten Sitz der Geheimen Staatspolizei.
Dort wurde uns bedeutet, man könne uns weder den
Grund der Verhaftung noch den Aufenthaltsort meines
Vaters mitteilen. Nach einigen Tagen fand mein Schwager, damals Anwaltsassessor, heraus, dass mein Vater in
das Konzentrationslager Oranienburg-Sachsenhausen
gebracht worden war. Ein Haft- oder Internierungs-
grund wurde weder meinem Schwager noch meinem
Vater je bekannt gegeben. Wegen seiner politischen Be-
kanntschaften, unter anderem mit Schleicher, galt er
wohl als politisch suspekt und dem Regime gefährlich.
Nach einigen Wochen wurde er, wahrscheinlich aufgrund einer Intervention des damals noch amtierenden

und deutsch-nationalen Justizministers Gürtner, wieder freigelassen. Er berichtete uns, er sei auf der Schreibstube des Lagers eingesetzt worden und habe dort auffällig viele Todesmeldungen von Lagerinsassen bemerkt, die allesamt mit dem Vermerk »Herzversagen« versehen waren. Zum ersten Mal kam uns der Verdacht, dass das Regime von Amts wegen und planmäßig mordete.

Mein Vater erwog eine Amtshaftungsklage in eigener Sache, die er dann aber unterließ, um sich für zukünftige Aktionen nicht zu exponieren. Das war sicherlich richtig, denn er führte nun eine Reihe von politischen Prozessen, die zum Teil erstaunlich erfolgreich waren. Doch bis er als Anwalt zwangsweise in den Ruhestand versetzt wurde, stand er immer unter strikter Beobachtung und entging oft nur durch Zufall einer erneuten Verhaftung. Das große Haus, in dem wir am Tiergarten wohnten, hatte einen Hausmeister, der mit seiner Frau das Haus versorgte und als SS-Mann bei der Gestapo beschäftigt war. Von Zeit zu Zeit kam er in unsere Wohnung und sagte zu meiner Mutter: »Die Akten über Herrn Rechtsanwalt kommen nach oben.« Das hieß, dass mein Vater ohne Bekanntgabe einer Adresse verschwinden solle. Dann erschien der Hausmeister nach einiger Zeit mit der Bemerkung, die Akten seien wieder »unten«, was bedeuten sollte, dass mein Vater vorläufig außer unmittelbarer Gefahr war. Warum der Mann meinem Vater diese Warnungen, mit denen er sich selbst in hohem Maße gefährdete, zukommen ließ, hängt wohl auch mit der Tätigkeit meines Vaters während jener Jahre zusammen.

Der sogenannte Röhm-Putsch traf uns, wie wohl die meisten Zeitgenossen, völlig unvorbereitet. Bekannte aus Lichterfelde riefen uns an und berichteten, dass die verhafteten SA-Führer und ihre Adjutanten erschossen worden seien. Dann erfuhren wir, dass nicht nur SA-Führer, sondern auch andere unliebsame Personen ermordet worden waren, unter ihnen General v. Schleicher mit seiner Frau und General v. Bredow, die meinem Vater alle persönlich bekannt waren.

Die Reaktion der Bevölkerung war zwiespältig. In konservativen Kreisen herrschte unterschwellige Empörung, vor allem unter den Juristen, da Hinrichtungen ohne Gerichtsverfahren als schwere Rechtsverletzung empfunden wurden. In der breiteren Bevölkerung allerdings gab es auch Zustimmung. So konnte man in den Berliner Kneipen mitunter hören, eine drohende Gegenrevolution habe verhindert werden müssen, die Erschießungen seien nicht Mord gewesen, sondern zum Schutz des Staates unternommen worden. Bedenken wurden meist nur hinter vorgehaltener Hand geäußert. Mein Eindruck war, dass man aufgrund der noch immer herrschenden Aufbruchsstimmung der Ansicht war, die Feinde der wiedererrichteten Ordnung im Staat, die man dem »Führer« zu verdanken glaubte, müssten beizeiten ausgeschaltet werden.

Mein Vater versuchte zunächst, die rechtlichen Interessen der Familien v. Schleicher und v. Bredow gegenüber der Reichsregierung geltend zu machen, doch da der Reichstag die gesamte Aktion für rechtmäßig erklärt hatte, blieb er ohne Erfolg. Nun folgte ein ständi-

Rechtsanwalt
Walther Doehring

ger juristischer Kampf gegen das Regime. Mein Vater erreichte den Freispruch des sozialdemokratischen Stadtrates Wilhelm Ahrens und des ehemaligen Leiters des Krankenkassenverbandes, die wegen Untreue und Bilanzfälschung angeklagt waren, ein typischer Vorwurf, wenn politische Gegner anders nicht zur Strecke gebracht werden konnten. Erfolgreich vertrat er auch die Interessen der Familie des auf Initiative des Gauleiters Koch (Ostpreußen) und der Gestapo ermordeten Gutsbesitzers Anton v. Hoberg – wobei im Laufe des zivilrechtlichen Verfahrens der Tatbestand der Ermordung aufgeklärt wurde. In beiden Fällen waren wir beeindruckt von der aufrechten Haltung der Justiz, insbesondere des Landgerichtspräsidenten v. Meding in Königsberg.

Auch die »Bekennende Kirche« wurde von meinem Vater bei den Prozessen gegen »Reichsbischof« Müller unterstützt. Als er dann aber die Interessen des »nichtarischen« Oberverwaltungsgerichtsrats Fritz Citron vertrat, wurde vom Generalstaatsanwalt beim Kammergericht und vor dem Ehrengericht der Rechtsanwaltskammer ein Verfahren gegen ihn eingeleitet, das mit einer hohen Geldstrafe endete, vor allem wohl deshalb, weil er sich wie kaum ein anderer hartnäckig geweigert hatte, dem Deutschen Rechtswahrerbund beizutreten. Ein weiteres Verfahren wegen »heimtückischer Angriffe gegen Staat und Partei« führte nicht zur Verurteilung, unter anderem weil sich Minister Graf Schwerin-Krosigk für ihn einsetzte. Ähnlich erfolglos blieb eine Anzeige durch den Reichsjustizminister Thierack, da die Staatsanwaltschaft gerichtlich verwertbare Beweise nicht vorlegen konnte. Aus Ärger hierüber verfügte Thierack, dass mein Vater wegen »politischer Unzuverlässigkeit« als Notar und Anwalt in den Ruhestand versetzt wurde. Das war gegen Ende des Jahres 1944. Ein paar Wochen zuvor, nach dem Attentat auf Hitler, war mein Vater nochmals im Kriminalgericht in Moabit vernommen worden, da man ihn nicht zu Unrecht der Verbindung zu den Verschwörern verdächtigte. Doch mein Vater hatte Glück. Nach der Vernehmung erklärte der die Untersuchung führende SS-Offizier, er wisse, dass mein Vater nicht unschuldig sei. Aber mit den Worten »Wir haben auch keine Lust mehr« entließ er ihn nach Hause.

Nicht lange nach seinem Berufsverbot erhielt mein Vater erneut einen Wink unseres Gewährsmannes bei der Gestapo, dass seine Verhaftung bevorstehe und es besser sei, er verschwinde mit unbekannter Adresse. Dieser Hinweis rettete meinem Vater ein zweites Mal das Leben, denn im Januar 1945 wurde mein angeheirateter Vetter, Rechtsanwalt Hans Koch, wegen seiner Kontakte zum Widerstand verhaftet und ohne Gerichtsverfahren im Gefängnis in der Lehrter Straße erschossen.

Die Verhaftung meines Bruders drohte Ende 1943. Er hatte versucht, Wehrpässe für im Untergrund befindliche jüdische Mitschüler zu fälschen, um ihnen die Flucht zu ermöglichen. Bei einer Hausdurchsuchung entdeckte die Polizei die Fälscherwerkstatt in einer Dunkelkammer. Zu dieser Zeit befand sich mein Bruder wegen einer Lungenerkrankung in einem Krankenhaus. Der behandelnde Arzt, Professor Unverricht, widersetzte sich einer Verhaftung und sorgte dafür, dass mein Bruder auf schnellstem Wege zur Krankenbehandlung in die Schweiz ausreisen konnte.

So lebte unsere Familie in den zwölf Jahren der NS-Herrschaft auf einem Pulverfass, und vor allem meine Mutter litt unter der Verfolgung, denn ich war seit 1937 Soldat und kehrte erst 1948 aus der Kriegsgefangenschaft zurück. Von Verfolgungen in unserem Bekanntenkreis könnte ich noch viel berichten, aber nur aus zweiter Hand. Nur ein persönliches Erlebnis möchte ich noch erwähnen, da es mich als ein typischer Vorgang sehr berührte. Mein schon erwähnter Schulfreund Hans Schwab-Felisch und seine Familie waren nach 1933 ständiger Gefahr ausgesetzt, da der Vater in der SPD aktiv gewesen war. Wenn ich an der Wohnungstür der Familie klingelte, öffnete sich ein Spalt der Tür hinter einer Kette, und ich sah die angstvollen Augen meines Freundes, der immer auch die Gestapo erwartete. Der Vater wurde später verhaftet und umgebracht, ich glaube die Mutter auch. Mein Schulfreund kam mit dem Leben davon, wurde zur Bewährung als Soldat an die Ostfront geschickt, militärisch ausgezeichnet und dann mit erfrorenen Füßen dienstuntauglich.

Zur Vervollständigung dieses Berichts sei noch erwähnt, dass mein Vater im Untergrund auf dem Gut eines Vetters meiner Mutter in Thüringen lebte. Nach dem Einmarsch der Amerikaner wurde er als Richter in Eisenach eingesetzt, da man nicht über allzu viele Widerstandskämpfer verfügte. Als dann die Russen nach Thüringen kamen, wurde mein Vater von der GPU verhaftet, offenbar, weil er einen Prozess gegen den dann amtierenden kommunistischen Bürgermeister entschieden hatte. Im Keller der GPU las er, der historisch immer besonders interessiert war, die Geschichte der Ottonen. Als er zur Vernehmung geführt werden sollte, sagte er ärgerlich, man solle ihn sein Buch zu Ende lesen lassen. Die GPU entließ ihn aus der Haft. Offenbar hielt man ihn für unzurechnungsfähig. So hatte er die braune und die rote Verfolgung überstanden.

V

DIE JUDENVERFOLGUNG

Mit Emigranten jüdischer Herkunft, mit Rückkehrern aus der Emigration und auch mit Überlebenden der Judenverfolgung habe ich viele Gespräche geführt. Die Beschreibungen des Holocaust sind zahlreich, und die Erinnerungen der Überlebenden sind vielfältig publiziert. Zur Abrundung dieser Wiedergaben und Analysen der neueren Geschichte soll hier nichts Weiteres beigetragen werden. Mein Ziel bleibt, diese Zeit aus der Sicht des Zeitgenossen zu rekonstruieren. Nicht das, was Hitler, Streicher, Himmler und Eichmann gewollt und gedacht haben, ist mein Thema, sondern wie es der Bürger erlebte.

Als ich in den USA für kurze Zeit eine Professur als ordentlicher Lehrstuhlinhaber innehatte, der auch Prüfungen abnehmen musste, ergaben sich viele Kontakte mit Kollegen und Studenten. Mehrfach äußerten meine Gesprächspartner, ohne besonderen Anlass und eher beiläufig, ich solle doch wissen, dass er (oder sie) Jude sei. Ich war jedes Mal überrascht, denn dieser Tatbestand war mir völlig gleichgültig. Lag der einfache Grund darin, dass ich Deutscher bin? Ging es um eine Ermahnung? Der Holocaust lag fünfundvierzig Jahre, also mehr als eine Generation zurück, und meine

Gesprächspartner waren wohl niemals in Deutschland gewesen. Ich sprach auch mit den in den USA verbliebenen Emigranten. Als ich einmal erwähnte, dass es in Deutschland private Hilfsaktionen gegeben habe, sagte mein Gesprächspartner: »Ich weiß schon, jeder Deutsche hat einen Juden geschützt.« Diese mir durchaus verständliche und verbitterte Bemerkung hat mich dazu angeregt, doch einmal zu rekapitulieren, wie sich denn das Gefühl der deutschen Bevölkerung zu Beginn und im Verlauf der Verfolgungen in der Realität darstellte. Ein guter Freund, Professor Thomas Buergenthal, der als Kind nach Auschwitz verbracht wurde, bis zu seiner Befreiung im Alter von elf Jahren keine Schule besucht hatte, dessen Angehörige, außer der Mutter, ermordet wurden, und der später einer der höchst angesehenen Juristen der USA war, sagte mir etwa das Folgende: Diejenigen Emigranten, die von besonderer Unversöhnlichkeit seien, seien meist früh ausgewandert. Sie hätten deshalb nicht erlebt, was Staatsterror in der Realität bedeutet, und wüssten weder, wie zahlreich auch »Arier« von dem NS-Regime kaltblütig umgebracht worden seien, noch, wie ohnmächtig der einzelne Mensch gegenüber dem Staatsterror sei. Er selbst habe das aber erlebt, denn er sei von einem deutschen Lagerarzt trotz schwerer Krankheit für gesund und arbeitsfähig erklärt worden, damit er der Vernichtung entgehen konnte.

Mit dieser Erzählung will ich keine Fürchterlichkeit herunterspielen und keine Verantwortung leugnen. Ich möchte nichts weiter als die Realität beschreiben, wie ich und andere Zeitgenossen sie erlebten.

In meiner Berliner Kindheit und Jugend gab es zwei Sachverhalte, die als selbstverständlich galten. Man wusste im Allgemeinen, wer im Freundes- und Bekanntenkreis jüdischer Abstammung war, und man unterschied zwischen denen, die sich in die bürgerliche Gesellschaft völlig eingegliedert hatten und zum großen Teil konvertiert waren, und denen, die ihre Besonderheit, auch und vor allem die religiöse, nachdrücklich betonten. Diejenigen, die sich problemlos assimiliert hatten, machten in der Regel als Juristen, Ärzte, Bankiers und Beamte Karriere. So war der mit uns gut befreundete und erwähnte Erich Kaufmann, Sohn eines Richters, im Ersten Weltkrieg als Offizier dekoriert und mehrfach verwundet worden. In der Weimarer Zeit war er ein allseits anerkannter Staats- und Völkerrechtler, der Friedrich den Großen, Kant und Hegel als seine Hausheiligen bezeichnete. Er war deutschnational und trauerte im Grunde um den Verlust der Monarchie. Ein anderer guter Freund war Ernst Wolff, seinerzeit Präsident der Anwaltskammer in Berlin, dem mein Vater schon früh zur Ausreise verhalf. Zu den in dieser Weise eingegliederten Juden zählten natürlich auch viele, die eher liberale gesellschaftliche Standpunkte vertraten und Verbindungen zu Kunst und Literatur unterhielten.

Die nicht in dieser Art assimilierten Juden waren vor allem in Ostberlin beheimatet. Wenn wir mit dem Fahrrad in das sogenannte Scheunenviertel fuhren, beobachteten wir oft, wie streng die dort ansässigen Juden ihre Besonderheiten pflegten, was vor allem auch in der Kleidung zum Ausdruck kam. Sie waren weitgehend aus osteuropäischen Staaten zugewandert und als kleinere Geschäftsleute tätig, wie etwa die auf dem Lande wohlbekannten sogenannten »Pferdejuden«, über die wir manchmal schmunzelten, wenn sie ihre Ware besonders redselig anpriesen.

Ich habe in den zwanziger Jahren keinen Hass in der Bevölkerung gegen die Juden bemerkt, dagegen oftmals Bewunderung für ihr Selbstbewusstsein und vielleicht auch etwas Neid wegen ihrer materiellen Erfolge. Die Verfolgung bahnte sich natürlich an, wie jeder schon vor der Machtübernahme 1933 in den Publikationsorganen der Nazis lesen konnte. Das Regime konnte zwar nicht auf eine allgemeine Ablehnung der Juden zurückgreifen, aber eben doch darauf, dass das Jüdische eine sich selbst bejahende Besonderheit bedeutete, also eine Minderheit, die bemerkbar und präsent war. Von da an war es nur noch ein Schritt, aus einer solchen Minderheit mit den Mitteln der Demagogie einen Staats- und Volksfeind zu konstruieren. Dass der Zusammenhalt der Juden und ihre gesellschaftlichen Erfolge im Kontrast zu der im Übrigen verarmten Bevölkerung stünden, wurde in der NS-Propaganda unablässig wiederholt. Man suchte und fand einen Feind, der abgrenzbar sein musste.

Die 1933 erst schleichend, dann immer offener praktizierte Verfolgung der Juden wurde teils kritischscheu betrachtet, weil es an Organisationen mangelte, die sich hätten in gesammelter Form empören können, teils wohl auch mit einer gewissen Schadenfreude zur

Kenntnis genommen, da die Juden es bisher stets besser als andere verstanden hätten, sich der wirtschaftlichen Katastrophe zu entziehen. Immerhin wurde vereinzelt und auch offen protestiert, was aber fast täglich gefährlicher wurde. Doch niemand dachte im Ernst daran, dass die Vernichtung der Juden ein Endziel des Regimes sein könnte, am wenigsten die Juden selbst.

Ob man die gehässige, aber griffige Parole »Die Juden sind unser Unglück« in der breiteren Bevölkerung glaubte, ist schwer zu sagen. In den bürgerlichen Kreisen war das meiner Erfahrung nach nicht der Fall. Aber wie auch in anderen Terrorregimes konnte man in der Bevölkerung damals vier Gruppen unterscheiden: Da gab es die Masse, die sich arrangierte, um jede Selbstgefährdung zu vermeiden, obgleich sie die Entwicklung missbilligte. Dann gab es diejenigen, die in vorauseilendem Gehorsam alsbald mehr Aktivitäten entwickelten, als das Regime – zunächst – forderte, und es gab die Opportunisten, die alles bejahten, was ihnen nützen konnte. Manche aber versuchten, die politischen Zwänge zu umgehen und zu helfen, obwohl das lebensgefährlich sein konnte.

Was uns betraf, so kannten wir die jüdische Witwe eines bekannten »arischen« Rechtsanwalts, der nach dem Tod ihres Mannes die Deportation drohte. Das konnte mit der Hilfe meines späteren Schwiegervaters verhindert werden, der sie so lange schützte, bis es gelang, ihre jüdische Abstammung infrage zu stellen. Die so jahrelang bedrohte Dame sagte nach dem Krieg, sie warte immer noch auf eine profunde und umfassende

Darstellung der privaten Hilfe, die Juden in der Nazizeit zuteil geworden war. Der schon erwähnte Erich
Kaufmann war zutiefst empört, als ihm die Lehrbefug-
nis an der Universität Berlin wegen seiner jüdischen
Abstammung entzogen wurde. Ich habe seine mit Bitterkeit geschriebenen Briefe an die Regierung gelesen,
in denen er darauf hinwies, dass er für sein Vaterland
im Kriege gekämpft habe und nun diffamiert werde.
Da er keine Vorlesungen mehr abhalten durfte, ver-
sammelten sich die Studenten in seiner Wohnung, um
Seminare abzuhalten, eine nach damaliger Auffassung
illegale Haltung. Später wurde Kaufmann zur Ausreise
nach Holland gezwungen, aber es gelang mit der Hilfe
einer Stiftung, ihm bis zum Kriegsende eine kleine
Rente zu überweisen, die ihm das Überleben ermög-
lichte. Sein Bruder Franz, der eine Zeit lang unser Woh-
nungsnachbar war und dann im Untergrund lebte, wurde längere Zeit durch Lebensmittelkarten Bekannter
unterstützt, was ihn allerdings nicht vor der Deportation bewahrte. Mein späterer Lehrer Ernst Forsthoff
teilte in Wien seine Lebensmittelkarten mit einer jüdischen Schauspielerin, die im Untergrund lebte. Mein
Bruder versteckte einen jüdischen Mitschüler in der
Pförtnerloge eines uns gehörenden Mietshauses, bis
auch dieser Freund entdeckt und abgeholt wurde. Über
den Einsatz meines Vaters für frühere Kollegen habe
ich schon berichtet. Die in dem gleichen Hause wie
wir wohnende Witwe des Obersten v. Achenbach, die
jüdischer Abstammung war, konnte wenigstens be-
grenzt dadurch geschützt werden, dass es unserem

Hausmeister als SS-Mann und Angestelltem bei der Gestapo gelang, ihre Überführung nach Theresienstadt zu erreichen, wo sie den Krieg überlebte, weil dieses Lager in gewisser Weise privilegiert war.

Das sind nur einige Beispiele aus meiner nächsten Umgebung, die zeigen, dass vereinzelt doch Hilfe geleistet wurde. Nichts soll mit dieser Darstellung beschönigt werden, doch die Wahrheit gebietet, auch diese Seite der Verfolgung zu erwähnen.

Etwas gemildert war das Schicksal der Halb- und Vierteljuden wegen ihrer zum Teil »arischen« Abstammung. Schlimm genug waren aber auch für sie die Diskriminierung und die ständige Angst, ihre Lage könne noch verschlechtert werden. Ich erinnere mich an eine fast groteske Situation nach einer Panzerschlacht bei Tobruk, als unser Kommandeur seinem Funker in Aussicht stellte, ihn zum Unteroffizier zu ernennen. »Das können Sie gar nicht, Herr Oberstleutnant«, erwiderte der Funker. »Ich bin ja Vierteljude.«

Ob mein Vater von der Massenvernichtung der Juden erfahren hat, was aufgrund seiner Kontakte zu Henning v. Treskow und Fabian v. Schlabrendorff zumindest denkbar ist, weiß ich nicht, denn ich verließ Berlin Ende des Jahres 1942, geriet 1943 in englische Kriegsgefangenschaft und habe meinen Vater, der 1947 starb, nicht mehr wiedergesehen. Ich selbst habe von der Massenvernichtung erst durch die Vorführung englischer Filme nach 1945 durch den britischen »Education Officer« erfahren. Meine Mutter erzählte mir später, sie habe keine Ahnung davon gehabt. Vielleicht aber hat auch mein Vater vieles verschwiegen, um niemanden zu gefährden. Wahrscheinlicher ist jedoch, dass man ihn nicht informiert hatte, da er jederzeit verhaftet werden konnte und seit 1944 dann im Untergrund lebte.

VI

Reichsarbeitsdienst und Wehrdienst bis zum Kriegsbeginn

Mein Jahrgang hat die Oberprima nicht mehr absolviert. Zur Wende des Jahres 1936/37 legten wir das Abiturientenexamen ab. Wohl alle meine Klassenkameraden hatten die Absicht, den Arbeitsdienst und den zweijährigen Wehrdienst sofort hinter sich zu bringen, um anschließend ein Studium aufzunehmen. Aber diese Rechnung ging nicht auf, denn zweieinhalb Jahre später begann der Krieg, der alle Berufsplanung zunichtemachte. Statt die Einberufung abzuwarten, meldeten wir uns alle freiwillig; die Frage war nur, welche Truppengattung man wählen sollte. Man ging zu den Gebirgstruppen, zur Marine, zur Artillerie oder zur Reiterei und zur Luftwaffe, denn jedermann versuchte, die Notwendigkeit mit persönlichen Neigungen zu verbinden. Dass sich die Berufsausbildung verzögern würde, nahmen wir in Kauf, da der Militärdienst als staatsbürgerliche Pflicht, also als Selbstverständlichkeit betrachtet wurde. Gleichwohl folgten wir dieser Pflicht ohne besondere Begeisterung, sondern eher in dem Gefühl, es müsse nun so sein.

Mein Vater hätte gern gesehen, wenn ich Kavallerist geworden wäre, da die Liebe zu den Pferden uns seit frühester Jugend geprägt hatte. Doch das Reiterregiment 8, bei dem ich mich meldete, war schon mit Freiwilligen ausgelastet, was ich insofern begrüßte, als ich mir die Funktion einer Reiterarmee in einem hochtechnisierten Krieg nicht mehr recht vorstellen konnte. Wenn schon Soldat, dann in einer Waffengattung, die den Anforderungen im Ernstfall genügen würde. So meldete ich mich zum Panzerregiment 5 nach Wünsdorf.

Zwischen Abitur und dem Beginn des Reichsarbeitsdienstes, der zunächst für ein halbes Jahr abgeleistet werden musste, lagen nur wenige Tage. Die von unseren Vorfahren so gepriesene Zeitspanne zwischen dem Verlassen der Schule und dem Beginn der Studienzeit erlebten wir also nicht: kein fröhliches Bummeln und keine Tanzstunde. Kurz vor meinem 18. Geburtstag wurde ich nach Hinterpommern einberufen. Das Arbeitslager befand sich bei Rummelsburg in der Nähe des Gutes Varzin, das Otto v. Bismarck gehörte. Unsere Arbeitsdiensteinheit bestand zum Teil aus Berlinern, zum Teil aus Rheinländern, für die Hinterpommern zu unserer Erheiterung fast schon in Sibirien lag. Nach einer kurzen Exerzierausbildung arbeiteten wir in den Wäldern, wo wir vor allem mit der Rodung von Baumstümpfen beschäftigt waren, eine körperlich schwere, mit Axt und Säge zu verrichtende Arbeit, die uns gleichwohl das Gefühl sinnvoller Beschäftigung vermittelte. Im Sommer 1937 wurden wir erst in die Neumark verlegt, wo wir auf einem großen Gut arbeiteten; später ging es an die polnische Grenze zur Kartoffelernte, was wiederum schwere Arbeit bedeutete. Aber überfordert fühlten wir uns eigentlich nie.

Die Arbeitsdienstführer waren angenehme Vorgesetzte, von denen manche zu meiner Überraschung recht gebildet waren, hatte ich doch befürchtet, dass es sich um Leute handeln könnte, die in anderen Berufen nicht avanciert waren. Das Unteroffizierkorps, das ich später in meinem Panzerregiment antraf, war eine gröbere Kategorie, wenn auch fachlich sehr gut ausgebildet.

Insgesamt war dieser halbjährige Arbeitsdienst eine wichtige Erfahrung, weil die Mischung zwischen ungelernten Arbeitern, Facharbeitern und Abiturienten gegenseitiges Verständnis weckte. Die sozialen Unterschiede wurden durch die harte körperliche Arbeit, bei der wir voneinander lernen konnten, eingeebnet. Die Kameradschaft war ausgezeichnet, gegenseitige Grobheiten kamen nur selten vor und auch die gezwungenermaßen gemeinsam verbrachte Freizeit verlief ohne alkoholische oder andere Exzesse. Die gleiche Atmosphäre traf ich dann später auch in der langen militärischen Rekrutenausbildung an. Diese jugendlichen Erfahrungen waren mir im Laufe meines Lebens immer wieder hilfreich. Ältere Kollegen, insbesondere in der Hochschullehrerschaft, fragten mich später manchmal, wie es mir gelinge, auch bei Auseinandersetzungen in eher grobschlächtiger Umgebung den richtigen Ton zu treffen. Da sie nie einer ähnlichen sozialen Einebnung ausgesetzt waren, verfügten sie eben nicht über derartige Erfahrungen.

Auch die Kontakte von uns Arbeitsmännern mit der zivilen Umgebung waren bereichernd und überwiegend ausgeglichen. Wir arbeiteten oft mit Landarbeitern zusammen, lernten ihre Sorgen und Mühen kennen und hatten allen Anlass, sie zu bewundern, etwa den immensen Arbeitseinsatz der Landfrauen bei der Kartoffelernte, bei der sie uns allen überlegen waren. Wir arbeiteten auch neben Strafgefangenen, die von bewaffneten Posten bewacht wurden. Die Gutsbesitzer, denen wir als Arbeitshilfe zugeteilt waren, begrüßten unsere Unterstützung in freundlicher Weise. Wir wurden in die Gutshäuser zu kleinen Feiern eingeladen und feierten dort fröhliche Feste.

Zwischen der Entlassung aus dem Arbeitsdienst und dem Dienstantritt in der Wehrmacht im November 1937 lagen wieder nur wenige Tage und wieder blieb mir keine Zeit, die Jugend zu genießen. Ich wurde der 8. schweren Kompanie des Panzerregiments 5 in Wünsdorf zugeteilt. Wir Rekruten waren überwiegend Berliner und Brandenburger, während die Unteroffiziere wie auch manche Offiziere aus Schlesien stammten, da das Regiment aus ehemaligen Angehörigen schlesischer Reiterregimenter zusammengesetzt war. Die Rekrutenausbildung, die damals ein ganzes Jahr dauerte, bestand zunächst zwar weitgehend aus Exerzierreglements, dann aber folgten Spezialausbildungen, die alles umfassten, was im Ernstfall verlangt wurde: das Fahren von Kettenfahrzeugen, die Reparatur von Motoren, das Funken, das Schießen mit Hand- und Panzerwaffen. Auch die Infanterieausbildung erfolgte in extensiver Weise.

Wir lernten das Kartenlesen, das Marschverhalten, die Tarnung im Gefecht und vieles mehr. Wer besonders gut schoss, konnte sich einen Urlaubstag verdienen.

Die Ausbildung war hart und erzeugte manche Bitterkeit, wurde jedoch als Notwendigkeit betrachtet. So konnte es geschehen, dass der Kompaniechef, ein Truppenoffizier wie aus dem Bilderbuch, beim Abendappell etwas an unserer Disziplin auszusetzen hatte und den Befehl gab, in zehn Minuten habe die Kompanie marschmäßig anzutreten. Statt der ersehnten Nachtruhe folgte dann ein Nachtmarsch, einmal über eine Länge von fast 50 Kilometern. Die ersten 30 Kilometer marschierten wir voller Wut, den Rest der Strecke aber mit stoischer Haltung – und das war das erzieherische Ziel der Übung. Derselbe Kompaniechef, den ich später auch im Afrikafeldzug bewunderte, hatte an seiner Diensttür ein Schild: »Herein, ohne anzuklopfen.« Jeder Soldat konnte jederzeit zu ihm gehen, um seine Sorgen und persönliche Schwierigkeiten vorzutragen. Er ist in Russland als Major gefallen.

Vom ersten Tage an galt meine Hochachtung dem gesamten damaligen Offizierskorps meines Regiments. Ich habe mich später oft gefragt, wie die bürgerliche Gesellschaft der Nachkriegszeit ausgesehen hätte, wenn nicht so viele dieser hervorragenden Persönlichkeiten gefallen wären. Das galt auch für die Reserveoffiziere späterer Jahre. Alle waren sie großartige Fachleute, weder hochnäsig noch kumpelhaft, nicht zu streng, aber doch unnachgiebig, wenn es um die Sache ging. Die Älteren unter ihnen stammten noch aus der

Reichswehr. Auch der allgemeine Bildungsstand war recht gut, denn offenbar war die Kriegsschule, die alle durchlaufen hatten, nicht nur eine militärisch-technische Ausbildungsanstalt, sondern auch eine allgemeinbildende Institution. Ich erinnere mich noch gern daran, dass mein zweiter Regimentskommandeur, Oberst Freiherr v. Funk, die Offiziersanwärter, damals im Unteroffiziersrang, zum Essen einlud. Er war vorher Militärattaché im Ausland gewesen und erläuterte uns unter anderem auch die staatsrechtliche Struktur des Britischen Empires. Ich habe dabei mehr gelernt als in mancher Schulstunde im Gymnasium.

Unsere militärische Ausbildung war schon 1937/38 durchaus auf den Ernstfall ausgerichtet. Das Exerzieren spielte keine große Rolle; stattdessen genossen wir eine intensive Waffenausbildung am Standort Wünsdorf und hielten zahlreiche Manöver ab. Im Offizierkorps schien man zu ahnen, dass ein Krieg bevorstand, wenn man auch keine deutlichen Vorstellungen davon gehabt haben dürfte. Als ich meinem Kompaniechef 1938 erklärte, ich hätte die Grundausbildung nun hinter mir und zöge in Betracht, mich freiwillig zu den Wehrmachtsteilen in Spanien zu melden, wohin einige Soldaten unseres Regiments abkommandiert worden waren, erwiderte er freundlich, ich solle vorerst beim Regiment bleiben. Man werde den Krieg noch früh genug erleben. Damit war mein jugendlicher Übermut gedämpft.

Schikanen, über die später immer wieder gesprochen wurde, habe ich in der Ausbildung nicht erlebt. Vielleicht würde man manche der damaligen Anforderungen heute als entwürdigend bezeichnen, aber wir waren damals nicht so empfindlich. Als man uns einmal nach unserer Religionsangehörigkeit fragte, gab ein Soldat an, er sei Atheist. Fortan rief der Oberfeldwebel, wenn er ihn suchte: »Wo ist der Gottlose?«

Das Unteroffizierkorps, dem die Grundausbildung weitgehend oblag, bestand aus hartgesottenen und zum Teil recht primitiven Landsknechten, aber sie waren – mit wenigen Ausnahmen – fair und zuverlässig. Herausragend war die Stellung des Oberfeldwebels, später des Hauptfeldwebels, der den gesamten inneren Dienstbetrieb leitete. Dieser sogenannte Spieß war von außerordentlicher und fast penibler Korrektheit, fürsorglich für die Soldaten und schlechthin Vorbild in seiner Funktion. Man nannte ihn die »Mutter der Kompanie«. Seine Korrektheit nahm mitunter fast übertriebene Form an: Meine Mutter hatte in rührender Weise für mich sorgen wollen, indem sie mir eine Kiste bayerisches Bier in den Feldzug nach Nordafrika schickte. Die dreißig Flaschen kamen mit der Feldpost tatsächlich bei meiner Kompanie in der Wüste an. Doch ich selbst war inzwischen als Verwundeter auf einem Lazarettschiff nach Italien unterwegs. Statt das Bier in der Wüstenhitze Afrikas auszutrinken oder zu verteilen, schickte mein Spieß mir die Kiste nach Deutschland in das Lazarett nach St. Ottilien bei München, damit der »Herr Leutnant« zu seinem Eigentum gelange. Bis auf eine zerbrochene Flasche hatte das Bier die Reise von Deutschland über Afrika zurück nach Deutschland unbeschadet überstanden.

Das Selbstbewusstsein eines solchen Oberfeldwebels hielt auch vor hohen Vorgesetzten stand. Anlässlich einer Besichtigung der Kompanie durch den Divisionskommandeur hatte der Spieß jeden Soldaten, den er für nicht allzu aufgeweckt hielt, angewiesen, sich als Feldkoch auszugeben, wenn der General ihn ansprechen sollte. So stellte sich heraus, dass die Kompanie über zehn Feldköche verfügte. Der General durchschaute das Spiel und stellte den Spieß zur Rede. »Ich weiß, das war nicht ganz korrekt, Herr General«, erwiderte der. »Aber wenn ich Sie wirklich bescheißen will, dann merken Sie das gar nicht.« Das war das Selbstbewusstsein eines preußischen Unterführers.

Abschließend kann ich sagen, dass es diese Art der Ausbildung, so lang und so hart sie auch war, den Soldaten erleichterte, den Strapazen dieses Krieges zu begegnen. Später stellte ich fest, dass kurz und dürftig ausgebildete Soldaten recht früh fielen, während die »Profis« länger durchhielten – auch wenn viele von ihnen den langen Krieg am Ende nicht überleben sollten.

VII

EINMARSCH IN DAS SUDETENLAND
UND DIE TSCHECHOSLOWAKEI

Bevor das Jahr 1938 zu Ende ging, begannen für uns die Militäreinsätze. Meine Panzerdivision nahm zwar nicht an dem Einmarsch in Österreich teil, aber im August 1938 begannen Übungen und Manöver auf dem Truppenübungsplatz Baumholder und dann in Bergen in der Lüneburger Heide. Anschließend wurden wir auf den Truppenübungsplatz Königsbrück verlegt. Das Regiment war in dieser Zeit immer gefechtsbereit.

Wir waren nur für kurze Zeit an den Standort Wünsdorf zurückgekehrt, als am 24. September die Panzerabteilung alarmiert wurde und mit der Bahn nach Ratibor in Oberschlesien verbracht wurde. Am 8. Oktober folgte der Einmarsch in das Sudetenland – über die tschechische Grenze in das Gebiet von Troppau. Die Begrüßung durch die sudetendeutsche Bevölkerung war enthusiastisch. Immer wieder war von Diskriminierungen, Diffamierungen und Schikanen der Deutschen durch die tschechischen Behörden berichtet worden, und da uns diese Darstellungen durchaus glaubwürdig erschienen, machten wir uns über die Rechtslage keine Gedanken. Zwar hatten wir vom Münchner Abkommen gehört, aber wesentlicher schien uns, dass wir ganz offensichtlich dem Wunsch der Sudetendeutschen auf Vereinigung mit Deutschland entsprachen. Vom damals noch eher politisch als rechtlich bewerteten Selbstbestimmungsrecht als Grundsatz des Völkerrechts wussten wir nichts, aber hatten doch das Gefühl, einem berechtigten Begehren der sudetendeutschen Bevölkerung zum Erfolg verholfen zu haben. Einen genaueren Eindruck konnten wir uns ohnehin nicht verschaffen, denn schon am 22. Oktober kehrte das Regiment wieder nach Wünsdorf zurück.

Am 10. März 1939 wurden Teile des Regiments zum militärischen Einsatz mobilisiert. Ich wurde einer Meldestaffel zugeteilt, deren Aufgabe es war, die Panzerwagen auf Motorrädern zu begleiten, in die Fahrtrichtungen und in die vorgesehenen Bereitstellungen einzuweisen. Das war keine leichte Aufgabe, denn unter Umständen musste man eine kilometerlange Panzerwagenkolonne auf dem Vormarsch überholen, um dem Kommandeur vor der Panzerspitze wieder zur Verfügung zu stehen. Wir fuhren schwere BMW-Maschinen und waren schweres Gelände gewohnt. So ging es zunächst zum Truppenübungsplatz Königsbrück und von dort über den Lückendorfer Pass. Das Ziel war Prag. Junge Sudetendeutsche baten uns immer wieder, sie auf dem Panzerwagen mitzunehmen. Sie hätten noch »ein paar Rechnungen zu begleichen«. Der Passübergang war äußerst anstrengend und stellte große Anforderungen vor allem an die Fahrer von Kettenfahrzeugen, denn es schneite stark, und die Straßen waren zum Teil mit Glatteis bedeckt, sodass sich die Fahrzeuge oftmals gegenseitig schleppen mussten. Wir rechneten nicht mit militärischem Widerstand. Wäre er in dieser Situation erfolgt, so hätten schon geringe Abwehrkräfte den gesamten Vormarsch stoppen können. Ich war manchmal derart durchgefroren, dass es mir kaum möglich war, mein Motorrad zu beherrschen. Wenn wir eine Pause machten, legte ich mich manchmal bäuchlings über die Motorhaube eines Lastwagens, um mich aufzuwärmen. Es grenzte an ein Wunder, dass die Motoren überhaupt noch ansprangen.

Unvergesslich ist mir der Anblick des nächtlichen Prag und der Moldau, als wir nachts die Berge überquerten. Am 17. März, meinem 20. Geburtstag, fand eine Parade am Wenzelsplatz statt. Die Bevölkerung stand stumm am Rande des Platzes, ohne eine emotionale Regung zu zeigen.

Wenige Tage später wurde meine Einheit nach Neu-Benatek (Nové Benátky) verlegt, eine in einer sanft geschwungenen Landschaft gelegene Kleinstadt etwa 40 Kilometer nordöstlich von Prag, die ein schönes weißes Schloss besaß. Wir waren in einer Schule untergebracht, hatten aber völlig ungezwungenen Kontakt mit der Bevölkerung, die die veränderte Lage ziemlich unbeeindruckt hinzunehmen schien und weder Zustimmung noch Ablehnung zu erkennen gab. Wir wussten, dass die tschechische Regierung den Einmarsch zugelassen hatte, allerdings nicht, welcher politische Druck sie dazu genötigt hatte. Trotzdem hatten wir mit Zwischenfällen wie einzelnen Partisanenaktionen oder Ähnlichem gerechnet. Aber nichts geschah. Wir stellten ein paar Wachtposten zum Schutz unserer Einheit auf und besuchten Lokale in der Stadt, wo wir korrekt, wenn auch missmutig bedient wurden. Als ich eines Tages den Befehl erhielt, einen erkrankten Soldaten allein durch die einsamen Felder und Wälder nach Prag ins Lazarett zu fahren, hatte ich Angst, im Fall einer Panne von Heckenschützen angegriffen zu werden. Aber ich hatte Glück und wohl auch unberechtigte Sorgen. Im April 1939 war das Regiment wieder an seinen Standort in Wünsdorf zurückgekehrt.

VIII

POLENFELDZUG

Noch im Jahre 1939 kam dann die Wende, die uns Soldaten endgültig zu Kombattanten im Sinne des völkerrechtlichen Kriegsrechts machte. Im Sommer hatte das Regiment Übungen auf dem Truppenübungsplatz Bergen durchgeführt. Nun, am 30. August, erfolgte die Mobilmachung. In voller Kampfausrüstung wurde die Brandenburgische 3. Division nach Pommern auf den Übungsplatz Groß-Born und dann schon am 25. August unmittelbar an die polnische Grenze verlegt. Die folgenden Tage lagen wir in einem Waldgebiet am See von Peterswalde, getarnt und in voller Einsatzbereitschaft. Die Stimmung war beklommen. Wir hofften, dass auch jetzt wieder nur ein »Blumenkrieg« geführt werden würde. Von militärischem Eifer, jetzt endlich »loszuschlagen«, war keine Rede.

Über die politische Lage waren wir einigermaßen orientiert. Die berühmt-berüchtigte Meldung, wonach der Sender Gleiwitz von polnischen Soldaten angegriffen worden sei, wurde trotz gewisser Skepsis als authentisch gewertet. Aber wir fragten uns doch, ob das ein Anlass sei, den großen Krieg zu beginnen – zumal uns bekannt war, dass uns die polnische Armee zumindest zahlenmäßig überlegen war. Viel Zeit zum Überlegen blieb uns nicht. Am ersten September, exakt um 4 Uhr 45, rückte unser Panzerregiment über die polnische Grenze vor. Nun waren wir im Krieg.

Die Division durchfuhr die Tuchler Heide, überquerte noch am 1. September den Fluss Brahe und hatte so den ersten Teil des Polnischen Korridors überwunden. Die Gegenwehr der polnischen Armee war unterschiedlich stark. Man erzählte, die polnische Kavallerie habe die deutschen Panzerwagen mit Säbel und Lanzen angegriffen, da ihre Führung annahm, es handle sich um Attrappen. Ich habe das selbst nicht gesehen. Fest steht aber, dass die polnische Infanterie gegen den Panzerangriff unzureichend ausgerüstet war. Die größte Gefahr für uns bestand darin, dass die feindliche Artillerie die Gleisketten der Panzer zerschoss und die Fahrzeuge damit außer Gefecht setzte. Aber auch gegnerische Panzerwagen und Panzerabwehrgeschütze wurden eingesetzt. Dennoch erreichten wir die Feste Graudenz in kurzer Zeit und hatten so den Polnischen Korridor überwunden.

Später wurde kolportiert, dass deutsche Panzerbesatzungen von polnischen Soldaten massakriert worden seien. Ich habe das nicht feststellen können. Wahrscheinlich war es eine der Horrormeldungen, wie sie so oft herumgeisterten. Gleichwohl hatte mein Regiment am Ende 38 Soldaten verloren, alle im Alter von 21 bis 25 Jahren.

Auch Partisanenkämpfe haben wir im Übrigen nicht erlebt, wenn auch vereinzelt Übergriffe von Zivilisten erfolgten. Als eine deutsche Kolonne von einem Haus

aus beschossen wurde, umstellte man das Gebäude und verhaftete zwei Männer, Vater und Sohn, die mit Gewehren bewaffnet, aber keine Soldaten waren. Ein Standgericht verurteilte den Vater nach eingehender Vernehmung zum Tode. Er hatte zugegeben, geschossen zu haben. Das Exekutionskommando soll aus zehn Soldaten bestanden haben, denen man fünf mit scharfer Munition und fünf mit Platzpatronen geladene Gewehre ausgehändigt hatte, sodass niemand wusste, wer scharf schießen würde. Ich war froh, zu diesem Kommando nicht eingeteilt worden zu sein. Wäre das geschehen, so hätte ich wohl darum gebeten, mich zu dispensieren, denn einen wehrlosen Menschen erschießen zu müssen, erschien mir schwer erträglich, sooft wir auch auf den Feind haben schießen müssen. Das aber war immer die Auseinandersetzung zwischen Jägern und Gejagten gewesen und immer mit dem Gefühl der Selbstverteidigung geschehen. Aber wer kann schon vorhersagen, wie er sich in einer solchen Lage verhält?

Nach Erreichung der Feste Graudenz sammelte sich unsere Division, um sich für weitere Einsätze zu regenerieren. Während dieser kurzen Ruhepause fand eine Kommandeursbesprechung statt, zu der mich mein Abteilungskommandeur als Meldeordonnanz mitnahm. Wir standen auf einem Hügel im Kreis – ich selbst hielt mich in gebührendem Abstand auf –, als zu meiner Überraschung Adolf Hitler mit einem kleinen Begleitkommando erschien. Er wurde von den Kommandeuren gegrüßt (damals noch mit der Hand an der

Mütze und nicht mit dem nach dem 20. Juli 1944 auch
für die Wehrmacht angeordneten »Deutschen Gruß«
mit ausgestrecktem Arm) und trat recht bescheiden
auf. Er trug feldgraue Kleidung ohne die stilisierten
NS-Symbole und führte das Gespräch mit den Kommandeuren sehr sachlich, ganz ohne die Theatralik, die
man heute aus den Filmdokumenten kennt. Die Offiziere sprach er mit ihrem Dienstgrad an, etwa um zu
erfahren, wie der »Herr Oberst« über die Lage denke.
Damals jedenfalls hatte ich nicht den Eindruck, als
wolle Hitler sich als »größter Feldherr aller Zeiten«,
als »Gröfaz« präsentieren, wie ihn der Volksmund später nannte. Aber angesichts der erfolgreichen Durch-
querung des Polnischen Korridors verbot sich jede
kleinliche Kritik an der militärischen Führung ohnehin von selbst.

Dann ging der Marsch weiter. Die Division fuhr in
schnellem Tempo durch Südostpreußen, über Marien-
werder und Allenstein nach Arys an der polnischen
Nordgrenze. Wenn wir so im Morgengrauen durch Ostpreußen fuhren, kam mir meine frühe Kindheit in Erinnerung. Graugänse stiegen über den Feldern auf,
rechts und links lagen die stillen Seen und Wälder, und
ich erlebte zum letzten Mal den herben Charme Ost-
preußens, insbesondere seines masurischen Teils.

Der nächste Angriff erfolgte mit dem Fernziel Brest-
Litowsk. Wir griffen die Stadt von Osten her an, bei
stärkerer Gegenwehr, als wir sie in der Tuchler Heide
erlebt hatten. Es war das erste Mal, dass ich an Stra-
ßenkämpfen beteiligt war, für die wir eigentlich nicht

ausgebildet waren. Für die Panzerbesatzungen lag die größte Schwierigkeit darin zu erkennen, woher der Feind schoss. Manche Kommandanten hielten ihre schwarze Mütze an irgendeinem Stock zum Turm heraus, um festzustellen, aus welcher Richtung sie unter Beschuss genommen wurden. Die Festung wurde letztlich von der Infanterie eingenommen. Gegen Ende der Kämpfe bekam ich den Auftrag, zusammen mit einem anderen Soldaten etwa 200 Gefangene zu einer Sammelstelle zu bringen. Für die Polen wäre es ein Leichtes gewesen, sich heimlich oder auch offen davonzumachen. Manche boten mir Geschenke an, damit ich sie laufen ließe. Hätten sie mich einfach überrannt, wäre ich machtlos gewesen, denn mit meinem Karabiner hätte ich sie nicht aufhalten können. Dennoch kam es zu keinem Fluchtversuch.

Das Verhalten der deutschen Soldaten gegenüber der Bevölkerung war korrekt und entsprach dem geltenden Kriegsrecht, vor allem also der Haager Landkriegsordnung und den Genfer Konventionen von 1929. Ein Panzerfahrer, der einen Pelzmantel aus dem Geschäft eines brennenden Hauses gestohlen hatte, wurde wegen Plünderung verurteilt.

Wir stießen noch weiter nach Süden bis Wlodawa vor. Dann war der Feldzug zu Ende. Bevor wir aber wieder nach Ostpreußen zurückfuhren, erlebte ich eine fast gespenstische Situation: Da das von uns besetzte Gebiet an die Rote Armee übergeben werden sollte, bestürmte uns die Bevölkerung mit der inständigen Bitte, doch ja nicht abzuziehen und sie den Russen zu überlassen. Man brachte uns Geschenke – gebratene Hühner, Kuchen, Obst und Blumen – und wollte uns in fast kindlicher Weise zum Bleiben veranlassen. Doch dann sahen wir uns den Russen gegenüber. Sie trugen Lederjacken und standen vor ihren recht primitiv anmutenden Panzerwagen. Mir kamen sie wie die geheimnisvollen Wesen einer anderen Welt vor. Wir konnten uns nicht verständigen und waren alle stumm. Und dann war die Zeit zum Abmarsch nach Norden und wieder durch die Masuren gekommen – mein endgültiger Abschied von Ostpreußen.

Auf einer kleinen Tagung von wissenschaftlichen Delegationen Mitte der achtziger Jahre zwischen Deutschen und Polen, die im Schloss Popowo nordöstlich von Warschau stattfand und sich mit der Oder-Neiße-Linie beschäftigte, fragte mich ein damaliger polnischer Minister, ob ich schon einmal in Polen gewesen sei. Ich sagte ja, aber diesmal sei ich unbewaffnet. Vielleicht war er etwas schockiert, aber ich fügte hinzu, ich sei beeindruckt, wie schön die Marienburg in Westpreußen renoviert wurde, sei doch mein Vater in der Burg geboren. Der Zwei-plus-Vier-Vertrag im Jahre 1990 hat das alles dann erledigt.

IX

DER AFRIKAFELDZUG

Im Winter 1939/40 wurde mein Regiment in den Raum Osnabrück verlegt. Der Winter war so kalt, dass die Panzerwagen, wenn sie beweglich bleiben sollten, manchmal mit offenem Feuer von der Unterseite beheizt wurden, um das Öl flüssig zu halten. Dann folgte die Verlegung in den Raum Viersen/Süchteln als Vorbereitung für den Angriff auf Frankreich, der schließlich am 10. Mai 1940 mit dem Durchmarsch durch Holland, Belgien und Luxemburg begann. Ich nahm nicht daran teil, da ich zum Offizierslehrgang an die Waffenschule Wünsdorf abkommandiert worden war. Als ich den Marschbefehl dorthin erhielt, bat ich meinen Kommandeur, mit der Versetzung zu warten, denn ich wollte im Ernstfall bei meiner Truppe sein. Doch er erwiderte nur, der Krieg sei noch lange nicht zu Ende; man werde noch lange gut ausgebildete Offiziere brauchen.

So absolvierte ich also im Sommer 1940 das, was man früher Kriegsschule genannt hatte. Nach dem Lehrgang wurden wir zu Fahnenjunker-Feldwebeln ernannt, und im Herbst des Jahres folgte die Beförderung zum Leutnant. Viele meiner Freunde wurden zu neu aufgestellten Regimentern versetzt, aber ich verblieb im Panzerregiment 5.

Im Oktober 1940 wurden Teile der 3. Panzerdivision auf den Einsatz in Nordafrika vorbereitet. Die dort herrschende militärische Lage war bekannt: Die britische Armee hatte die italienischen Streitkräfte zurückgedrängt und sich, nachdem Tobruk eingenommen war, Tripolis genähert. Mussolini ersuchte um deutsche Unterstützung. Wir wurden eingehend auf Tropentauglichkeit untersucht und absolvierten einen Lehrgang an der Militärärztlichen Akademie in Berlin. Leiter war der im Range eines Generals stehende Professor Rodenwald, der im Ersten Weltkrieg in der Türkei gewesen war und uns von seinen dortigen Erfahrungen berichten sollte. Seine Vorlesungen waren brillant, geistreich und außerordentlich anregend, doch in Afrika sollte sich dann herausstellen, dass wir nicht viel damit anfangen konnten. Rodenwald warnte vor den Gefahren durch schlechtes Wasser und vor allem durch Abwässer, empfahl uns, in der großen Hitze etwa vier Liter Wasser pro Tag zu trinken und umherstreunende Hunde wegen Seuchengefahr sofort zu erschießen. Aber wir sahen in der Wüste kaum Hunde, hatten fast ausschließlich salziges Brackwasser zur Verfügung, das gerade noch als dünner Tee genießbar war, und vier Liter Wasser habe ich in den fünf Jahren, die ich in der Wüste verbrachte, nie trinken können.

Dann wurden wir tropenmäßig eingekleidet und ausgerüstet. Manches davon war ganz brauchbar, vieles auch unsinnig. Wir bekamen eine Art Tropenhelm, den später niemand trug, und bis unter die Knie reichende Schnürstiefel aus Leinen, die vor Schlangenbissen schützen sollten, die aber ebenfalls niemand anzog. Mit Schlangen wurden wir in ganz anderer Art fertig. Wir bekamen Moskitonetze, die ich erst in der Gefangenschaft gebraucht hätte, dort aber nicht gegen Moskitos, sondern zur Abwehr von Wanzen. Dagegen wäre es besser gewesen, wenn man mehr Wert auf die Tropentauglichkeit unserer Fahrzeuge gelegt und für bessere Luftfilter gegen das Eindringen von Sand, bessere Stoßdämpfer in steiniger Wüste und bessere Bereifung gesorgt hätte. Aber diese Mängel entdeckten wir erst während des Feldzuges.

Nachdem deutsche Vorausabteilungen schon Mitte Februar 1941 in Tripolis eingetroffen waren, wurde das Panzerregiment 5 am 28. Februar mit der Bahn über den Brenner-Pass transportiert und in Neapel auf Schiffe verladen. Auf einem der Schiffe, einem 10 000-Tonnen-Frachter, teilte man mich als Verladeoffizier ein. Wir liefen bei stürmischem Wetter aus, das sich bald zu einem echten Sturm entwickelte. Das war insofern nicht ungefährlich, als wir keine Erfahrung im Seetransport hatten und sich die Panzerfracht bei hohem Seegang zu verschieben und das Schiff zum Kentern zu bringen drohte. Dafür war die U-Boot-Gefahr geringer als bei ruhigem Wetter, denn bei dem hohen Seegang hatten die U-Boote Schwierigkeiten, den Geleitzug anzugreifen. Eine weitere Gefahr ging von den Minen aus, die bei Dunkelheit und hohen Wellen kaum erkennbar waren. Oft stand ich am Bug des Schiffes und hielt mit der Besatzung einer 2-cm-Kanone Ausschau, während der Schiffsbug durch die Wellen stampfte. Der

Kapitän riet mir, ich solle tüchtig Bier trinken, um nicht seekrank zu werden. Doch wie sich herausstellte, konnte mir der Seegang nichts anhaben. Als ich jedoch den Befehl erhielt, meine Soldaten mit Schwimmwesten an Deck zu kommandieren, da erhöhte Minen- und U-Boot-Gefahr bestehe, erlebte ich den ersten und auch einzigen Fall kompletter und massenhafter Gehorsamsverweigerung. Der größte Teil der Soldaten lag mit grünen Gesichtern im Schiffsbauch und übergab sich ständig. Die Männer weigerten sich aufzustehen und erklärten, lieber sterben zu wollen, als an Deck zu gehen. Tatsächlich boten sie einen jämmerlichen Anblick. Ich war schlechthin machtlos. Meine Befehle wurden nicht ausgeführt.

Der Geleitzug wurde von Zerstörern begleitet, denen es gelang, noch vor Tripolis einen Angriff britischer U-Boote abzuwehren. Am 10. März wurden wir im Hafen von Tripolis ausgeschifft und griffen schon nach wenigen Tagen die nach Westen vorgedrungene britische Armee an, die nach weiteren Gefechten im Norden und nach längerem Marsch aus dem Süden zum Rückzug gezwungen wurde, sodass es uns gelang, die gesamte Cyrenaika einzunehmen. Den größten Erfolg unseres Regiments stellte die Eroberung des Wüstenforts El Mechili Anfang April dar. Wir hatten relativ wenig Verluste, obwohl die britischen Truppen in der Überzahl waren. Dann wurde die Hafenstadt Tobruk eingekreist, in der sich starke britische Streitkräfte verschanzt hatten.

Bevor der deutsche Angriff auf Tobruk begann, brachte mich mein jugendlicher Übereifer in eine missliche

Situation. Mein Kompaniechef lag in der etwa hundert Kilometer entfernten Hafenstadt Derna im Hospital, und ich wollte ihn besuchen. In Begleitung eines Feldwebels und ausgerüstet mit einem geländegängigen Wagen kam ich auf der Via Balbia, der einzigen und schmalen Vormarschstraße, recht schnell voran. Aber auf der Rückfahrt hielt uns eine in gleicher Richtung fahrende Lastwagenkolonne der italienischen Division Ariete auf. Rechts und links der schmalen Straße gab es nur Sand und Steine. Keine Überholspur. Es war schon dunkel, und ich hatte noch etwa achtzig Kilometer vor mir. Die italienische Kolonne fuhr so langsam, dass es mich viele Stunden gekostet hätte, meine Kompanie vor Tobruk zu erreichen. Aber es war unmöglich, die Kolonne zu überholen. Lichtsignale waren ausgeschlossen, da alle Fahrzeuge wegen der Gefahr von Fliegerangriffen ohne Licht fahren mussten. Die Hupe nützte nichts, weil die lauten Lastwagenmotoren sie übertönten. Ich vermutete, dass wir am kommenden Morgen Tobruk angreifen würden und wollte um jeden Preis rechtzeitig bei meiner Einheit sein. So befahl ich dem Feldwebel, mit der Maschinenpistole in den Straßengraben zu schießen, um uns Gehör zu verschaffen. Der Erfolg war durchschlagend: Die Lastwagen fuhren rechts heran und ließen uns vorbei. Aber ich hatte Pech, denn hinter mir fuhr ein Major aus dem Stabe Rommels. Auch er konnte die Kolonne nur überholen, weil ich den Weg freigemacht hatte, aber er stellte mich umgehend zur Rede, welcher Teufel mich geritten hätte, ein solches Gaunerstück zu vollbringen. Ein

Strafverfahren wurde eingeleitet, und viele Wochen später verurteilte mich das Kriegsgericht der Panzerdivision wegen schwerer Verletzung der Reichsstraßenverkehrsordnung zu fünf Monaten Gefängnis. Das Kriegsgericht bestand aus einem juristischen Kriegsgerichtsrat, einem Major und einem Leutnant. Das Urteil wurde mir mündlich verkündet, die schriftliche Urteilsbegründung habe ich nie gesehen. Das Urteil wurde auch nicht rechtskräftig, denn der Divisionskommandeur reichte für mich ein Gnadengesuch ein, mit dem Erfolg, dass das Strafmaß auf zwei Monate Festungshaft mit Bewährung bis zum Kriegsende herabgesetzt wurde. Das wurde mir aber erst 1942 von einem Oberst im OKH in Berlin mitgeteilt, wo ich mich wegen einer Verwundung im Genesungsurlaub befand. Der Oberst lud mich zu einem Glas Sherry ein und gratulierte mir. Wäre das Urteil rechtskräftig geworden, hätte das bedeutet, dass ich degradiert worden wäre. Ob ich mich bis zum Kriegsende bewährt habe, ist natürlich niemals festgestellt worden.

Am 1. Mai wurde die Festung Tobruk angegriffen. Rommel hatte die Abwehrkraft der Engländer ganz offenbar unterschätzt; der Angriff endete mit einem Desaster für mein Regiment. Wir blieben hilflos vor tiefen Panzergräben stecken, unter direktem Beschuss von feindlicher Artillerie und Panzerabwehrgeschützen, umgeben von Minenfeldern. Britische Infanterie, die sich zum Teil schon ergeben hatte, griff wieder zu den Waffen, sodass auch unsere Pioniere keinen Übergang über die Panzergräben herstellen konnten. In großem Durch-

Der Autor in der Libyschen Wüste, 1941

einander traten wir den Rückzug an. So blieb Tobruk in englischer Hand, wenn auch weiter eingekreist von deutschen und italienischen Truppen. Rommel befahl den weiteren Vormarsch nach Osten, aber unser Regiment war in seiner Kampfkraft auf etwa 50 Prozent reduziert worden.

Den Fortgang des Feldzuges in Afrika will ich hier nicht chronologisch darstellen, da das schon oft geschehen ist. Zu den wichtigsten Ereignissen zählen wohl die Schlacht um Sollum, um das Fort Capuzzo und den Halfaya-Pass im Juni 1941 sowie das Gefecht im November/Dezember, das als die »Schlacht am Totensonntag« bekannt geworden ist. Dann wieder musste sich das Afrikakorps auf die Cyrenaika zurückziehen und marschierte nach Einnahme der Feste Tobruk wieder nach Osten bis El Alamein vor. Da ich Ende

1941 verwundet wurde, habe ich diese Kämpfe selbst nicht miterlebt. Ich kam erst in Tunis zu meinem Regiment zurück.

Schildern möchte ich aber meine ganz persönlichen Eindrücke in diesem Feldzug. Die Sommerhitze, die oft Temperaturen von über 50 Grad im Schatten erreichte, war barbarisch. Nachts fiel die Temperatur dann um 30 Grad ab, sodass wir Mäntel anziehen mussten. Es herrschte Mangel an Süßwasser, das wir durch salziges Brackwasser ersetzen mussten. Überdies fehlten uns Treibstoff und Munition, denn im Bewegungskrieg war es ein besonderes Kunststück, die Versorgungskolonnen zur kämpfenden Truppe zu leiten, und manchmal behalfen wir uns, indem wir ein Versorgungslager der britischen Armee eroberten.

Nach der ersten Schlacht um Tobruk wurde mir die Führung des Panzerbergezuges des Regiments übertragen. Mit etwa zehn schweren und fünf leichten Zugmaschinen mussten wir bewegungsunfähige Panzerwagen aus dem Gefecht ziehen, damit sie unmittelbar hinter der Kampftruppe repariert werden konnten. Ohne diese Bergungszüge wäre der Wüstenkrieg auf deutscher Seite nicht durchzuhalten gewesen, denn die britische Armee verfügte über ein Mehrfaches an Panzern, die überdies ständig durch neues Gerät ersetzt wurden, während wir auf Reparaturen angewiesen waren, um kampfbereit zu bleiben. Meine Zugmaschinen waren ungeschützt, aber wegen ihrer mit Vollgummi bestückten Ketten schneller als unsere und die feindlichen Panzerwagen, die bestenfalls eine Höchstgeschwindigkeit von 40 Stundenkilometern erreichten. So gelang es mir oft, direktem Beschuss weiträumig auszuweichen.

Ein Trick Rommels war, im Angriff auch ungepanzerte Wagen mitfahren zu lassen, sodass der Gegner in der auf ihn zukommenden Staubwolke nicht wusste, wie stark der Angreifer war. Die Sicht war auch durch die Sonnenglut behindert, gegen die auch Ferngläser nichts ausrichteten. Auf weite Entfernung konnte ein Kanister wie ein Laternenmast aussehen und der sandige Horizont wie ein See, sodass mir die Panzerkämpfe mitunter wie Seeschlachten vorkamen. Besonders enervierend waren die Sandstürme, die bis zu drei Tage dauern konnten und nicht nur jede Kampfhandlung, sondern überhaupt jede Bewegung unmöglich machten. Man sah nur wenige Meter weit und musste in der Nähe des eigenen Fahrzeugs bleiben, um sich nicht zu verirren. Wir banden uns Tücher um Nase und Mund, um nicht ständig Sand atmen oder kauen zu müssen. Die Verpflegung bestand oft nur aus Eselsfleisch in Büchsen und Tubenkäse, die in der Hitze kaum genießbar waren. Wenn wir englische Verpflegung erbeuteten, waren das Festtage.

Die militärischen Leistungen Rommels, der die Bezeichnung »Wüstenfuchs« zu Recht trug, nötigten uns höchste Bewunderung ab. Zwar gab es schon damals Kritik an seinen strategischen Fähigkeiten, doch kaum an seinen taktischen Entscheidungen. Inwieweit seine Strategie erfolgreich war oder auf Fehlplanung beruhte, konnten wir an der Front nicht beurteilen. Aber Rommels taktisches Geschick im direkten Kampf erlebten wir aus nächster Nähe. In der Sollum-Schlacht und später in der »Schlacht am Totensonntag«, bei der die Beweglichkeit ohne feste Frontlinie zur Grundlage des Kampferfolges wurde, war es faszinierend zu sehen, wie Rommel improvisierte, gerade weil er bei seinen strategischen und taktischen Entscheidungen immer auch Versorgungs- und Nachschubschwierigkeiten in Kauf nehmen musste, und das, obwohl die schnelle Zufuhr von Treibstoff, Munition und Ersatzteilen entscheidend für den erfolgreichen Bewegungskrieg war. Oft marschierten wir nachts, um am Tage dort aufzutauchen, wo der Feind uns nicht erwartete. Nur so konnten wir uns einigermaßen behaupten, denn zahlenmäßig waren wir immer unterlegen.

Rommel führte immer ganz vorn, und nahezu jeder Soldat hat ihn irgendwo und irgendwann gesehen. Sein legendärer Mut, im offenen Kübelwagen den Angriff zu begleiten, wurde bewundert und dann als fast selbstverständlich hingenommen. Dennoch verließ er sich auch auf die Fähigkeit der unteren militärischen Führer, eigene Entscheidungen zu treffen, was in voller Übereinstimmung mit der Ausbildung in der deutschen Armee stand. Als wir eines Tages eine englische Kampfgruppe gefangen nahmen, was wohl nicht gelungen wäre, wenn sie sich beweglicher verhalten hätte, fragten wir den Major, der sie kommandiert hatte, warum er sich der Gefangennahme nicht durch bewegliche Führung und rechtzeitigen Standortwechsel entzogen hätte. »I had no order«, gab er zur Antwort. Das wäre einem deutschen Offizier wahrscheinlich nicht passiert, denn die Fähigkeit zu selbstständigem Handeln war eine der Grundlagen der deutschen Ausbildung.

Der Wüstenkampf war – relativ – fair. Nur einmal erlebten wir, dass Flugzeuge ohne Hoheitsabzeichen uns und den Hauptverbandsplatz bombardierten. Gegenseitiges Verhalten richtete sich, jedenfalls im Kampfgebiet, nach geltendem Kriegsrecht, manchmal nach menschlicher Generosität. Eines Nachts entdeckten wir beim Vormarsch einen britischen Spähwagen, der im Salzsumpf stecken geblieben war. Wir zogen ihn mit Motorspill heraus, entwaffneten die Insassen und sagten dem Offizier, sie sollten verschwinden, da uns die Gefangenen in dieser Situation ohnehin nur belastet hätten. »See you later, Captain«, lautete der Abschied beiderseits.

Zur Jahreswende 1941/42 endete meine Teilnahme am Afrikafeldzug fürs Erste. Als unser Regiment zusammen mit anderen Einheiten an der libysch-ägyptischen Grenze nach Osten vorrückte, stießen wir auf einen massiven Angriff der englischen Armee, der letztlich zum vorläufigen Rückzug des Afrikakorps bis nach Tobruk führte, bevor dann der Vormarsch bis El Alamein wieder gelang. Weil mein Geländewagen ausgefallen war, fuhr ich einen erbeuteten englischen Artillerieschlepper. Der britische Angriff war so heftig, dass ein Großteil unserer Panzer ausfiel. Dennoch gelang es uns, die Engländer mit den verbleibenden Fahrzeugen aufzuhalten. Als wir nach den Kämpfen ausstiegen, zählte ich mehr als zwanzig Einschüsse in meinem Wagen. Aber der Motor war intakt geblieben, und wie durch ein Wunder waren weder der mich begleitende Feldwebel noch ich selbst getroffen worden.

Im sinkenden Abendlicht stand ich mit einigen Kompaniechefs zusammen, um zu beratschlagen, was angesichts des Mangels an Treibstoff und Munition nun geschehen solle. Da trat Rommel in unseren Kreis und befahl mir, in der anbrechenden Nacht nach Norden bis Sidi Azeiz zu fahren, wo ich auf eine Nachschubkolonne mit Treibstoff und Munition stoßen würde, die ich zurück zum Regiment führen sollte. Sidi Azeiz war ein etwa sechzig Kilometer entfernter Wüstenpunkt, der aus ein paar Steinpyramiden bestand und nur querfeldein durch die Wüste zu erreichen war, sodass man sich zur Orientierung nach Kompass und den Sternen richten musste. Mein Auftrag war also das, was man ein Himmelfahrtskommando nennt, denn englische Truppen waren in Teilen schon neben uns durchgebrochen. Ich startete in die Nacht, wobei ich immer wieder Steinfelder umfahren musste und einmal in ein derart tiefes Loch fuhr, dass wir uns nur mit dem eigenen Spill daraus befreien konnten. Aber gegen Morgen langten wir wohlbehalten in Sidi Azeiz an. Eine deutsche Nachschubkolonne war jedoch nicht in Sicht. Zu allem Überfluss setzte dichter Nebel ein, eine Seltenheit in der Wüste. Als er sich wieder lichtete, standen drei englische Maschinengewehrwagen vor uns, die sofort das Feuer eröffneten. Ich stand neben meinem Wagen und wurde von einem

Treffer ins linke Bein zu Boden gerissen. Als ich mich aufrichten wollte, standen die Engländer schon neben mir. Sie verbanden mir sorgfältig das angeschossene Bein und brachten mich mit einem Wagen in eine englische Igelstellung aus gepanzerten Kampfwagen, die einen Kreis um die weniger geschützten Fahrzeuge ihrer Mitte bildeten. Ich wurde in einem Zelt abgeladen und allein gelassen. Nach einigen Stunden hörte ich heftiges Granatfeuer und Schüsse aus Maschinengewehren. Ich kroch aus dem Zelt und sah, dass die Engländer fluchtartig auf ihre Fahrzeuge sprangen und davonzufahren versuchten. Um nicht von Granatsplittern getroffen zu werden, grub ich mich mit einem Trinkbecher in den Sand, als auch schon die ersten Panzerwagen meines eigenen Regiments durch die englische Stellung rollten, unter ihnen auch Rommel in einem Kübelwagen. Offenbar hatten meine Kameraden den nötigen Treibstoff und Munition über Umwege erhalten.

So sah ich mich aus der kurzen Gefangenschaft befreit und meldete mich, auf eine provisorische Krücke gestützt, bei Rommel zurück, der mich nach Bardia Alto zum Verbandsplatz fahren ließ. Dort lag ich dann mit vielen Verwundeten in einer verlassenen Moschee hoch über dem Meer, bis uns ein italienisches Lazarettschiff mit Genehmigung der Engländer aus dem kleinen Wüstenhafen Bardia Basso abholte. Das italienische Schiff wurde im Mittelmeer von der englischen Marine angehalten und durchsucht. Die Verwundeten blieben an Bord, aber die nicht verletzten Italiener, die mit uns fuhren, wurden gefangen genommen. Nach langer Fahrt erreichte das Schiff den Hafen von Bari, wo mir der Leutnant eines Panzerschützenregiments, der einen schweren Oberschenkelschuss erwischt hatte, vorschlug, wir sollten sogleich versuchen, mit dem nächstbesten Transport nach Afrika zurückzukehren. Unsere Verletzungen würden schon irgendwie ausheilen. Mit Mühe gelang es mir, ihn davon überzeugen, dass wir den Kameraden in Afrika in unserem Zustand nichts nützen würden. So gelangten wir schließlich nach einer langen Bahnfahrt über die Alpen in das Lazarett in St. Ottilien am Ammersee. Meine Odyssee war vorerst zu Ende. Erst Anfang 1943 sollte ich zu meinem Regiment nach Afrika zurückkehren.

X

Berliner Impressionen 1942

Nachdem ich im Frühjahr 1942 aus dem Lazarett entlassen war, gehörte ich der Panzerersatzabteilung 5 in Neuruppin an, wo ich zunächst als Ausbildungsoffizier tätig war, sodass ich die Wochenenden oft bei meinen Eltern in Berlin verbringen konnte. Dann wurde ich als Chef der Panzerversuchskompanie erst nach Zossen, dann nach Kummersdorf abkommandiert. Auch von hier aus waren ständige Kontakte nach Berlin möglich.

Die Stimmung, die ich in Berlin antraf, war zwiespältig, allerdings erst bei näherer Betrachtung. Man schwankte zwischen Vaterlandsliebe, veranlasst durch den Krieg und das Gefühl der Verbundenheit mit Verwandten und Freunden an der Front, und einem sich immer mehr entwickelnden Misstrauen gegen die vollmundig den Sieg propagierende braune Führung. Dieses aufkommende Misstrauen erreichte mich nicht offen, sondern verdeckt. Schon im Offizierskorps in Neuruppin tuschelte man kritisch über Fehlentscheidungen an den Fronten, über das Benehmen von Parteibonzen und vor allem über die Gefahren eines Mehrfrontenkrieges. Offenkundig breitete sich politische Ernüchterung aus. Die meisten kriegserfahrenen Offiziere warteten auf ihren Marschbefehl zurück an die

Front, aber durchaus nicht mehr mit Begeisterung, sondern eher aus Pflichtgefühl und aufgrund der Verbundenheit mit den Kameraden dort draußen. Mir selbst ging es ebenso. Wenn ich in Berlin in der Wochenschau im Kino die Bilder aus dem Kampf in Afrika sah, an denen vielleicht auch mein eigenes Regiment teilnahm, wurde ich ein wenig sentimental. Fast kam man sich in der zivilen Umgebung des Heimatkrieges fremd vor und fühlte sich zur Verteidigung des Vaterlandes aufgerufen, dem man auf eine eher naive als pathetische Weise zugeneigt war.

Die Stimmung in meiner Umgebung ist wohl am ehesten durch einzelne Vorgänge und zufällige Kontakte mit anderen Menschen zu beschreiben. Die schleichende Skepsis der Menschen verdichtete sich im Winter 1942/43 nach der Niederlage von Stalingrad. Völlige Offenheit im persönlichen Verkehr bestand aber nur, wenn man seinen Gesprächspartner wirklich gut kannte, wie das wohl in allen Diktaturen der Fall ist. Ansonsten versuchte man tastend herauszufinden, wie der andere wohl dachte. Während der Zeit als Chef der Panzerversuchskompanie wohnte ich in dem Offiziersquartier des OKW (Fremde Heere Ost) in Zossen. Man traf sich abends im Offizierskasino, und meist waren es Reserveoffiziere, die dann in ein engeres Gespräch kamen, wobei es natürlich auch diejenigen gab, die den »Führer« und sein militärisches Genie priesen, sich als überzeugte NS-Anhänger präsentierten und ihre politische Einstellung offen und vielfach bramarbasierend zur Schau stellten. Wer schweigsamer war, war deshalb

Der Autor auf Genesungsurlaub
nach Verwundung, Berlin 1942

noch nicht verlässlich, machte aber doch neugierig auf
eine nähere Bekanntschaft. Die Regimekritiker, die ich
kennenlernte, dachten überwiegend gleich: Man hatte
den Krieg nicht gewollt, fühlte sich nun aber zur militärischen Aufgabenerfüllung verpflichtet und hoffte,
dass es vielleicht noch gelingen könnte, einen erträglichen Frieden mit dem Ziel der Auswechslung des Regimes zu erreichen. Ob der Gesprächspartner ähnlich
dachte, war immer das Problem des persönlichen Kon-
takts, der sich manchmal auf fast geheimnisvolle
Weise entwickelte. Als ich einmal im Zug nach Berlin
fuhr, kam ich mit einem Leutnant meines Alters ins
Gespräch. Wir hatten, wohl gefühlsmäßig, alsbald Ver-

trauen zueinander und sprachen dennoch nicht von Politik. Als wir uns auf dem Bahnhof trennten, schlug er mir vor, ihn doch einmal zu Hause zu besuchen. Und ganz beiläufig und halblaut fügte er hinzu, Nazis würde ich dort nicht antreffen.

Auch Tricks waren manchmal erfrischend. Als ich meinen Vater in Berlin traf, machte er einen niedergeschlagenen Eindruck, diesmal nicht so sehr, weil er unter permanentem politischen Druck stand, sondern weil er im Tattersaal am Tiergarten zwei Pferde stehen hatte, mit denen er aber nicht ausreiten wollte, da Goebbels verkündet hatte, nur die »Plutokraten« kämen jetzt noch auf den Gedanken, im Tiergarten zu reiten. Man solle das in diesen ernsten Zeiten unterlassen. Ich überredete meinen Vater gegen seinen anfänglichen Widerstand, die Pferde zu satteln und durch den Tiergarten zu reiten, er in seinem zivilen Jagdanzug und ich in Uniform. Unser Ritt führte uns an der Bendler Straße vorbei. Aus den Gebäuden des OKH und des OKW strömten gerade die Offiziere zur Mittagszeit, sahen uns etwas verwundert an und grüßten uns dann militärisch. Sie nahmen wohl an, hier reite ein General in Zivil, begleitet von seinem Adjutanten. Das war keine Widerstandshandlung der Familie Doehring, sondern ein Jux, der die Stimmung trotzdem recht gut beleuchtete.

Ernster wurde es, als mein Vater mich zu abendlichen Besuchen in den Garde-Kavallerie-Club mitnahm. Dort trafen sich Gesinnungsfreunde, Skeptiker und Gegner des Regimes. Ich erinnere mich an Begeg-

nungen mit Henning v. Treskow, Fabian v. Schlabrendorff, Ewald v. Kleist-Schmenzin und vielen anderen,
deren Namen nach dem 20. Juli Berühmtheit erlang-
ten. Ich saß bescheiden dabei, hörte mir die Gespräche
an und war überrascht, mit welcher fast bedenkenlo-
sen Offenheit debattiert wurde. Nicht, dass über konkrete Umsturzpläne gesprochen wurde, aber man äußerte doch unmissverständlich politische, militärische
und gesellschaftliche Kritik an der Reichsführung und
ihrem Vorgehen vor allem in den besetzten Gebieten.
Da wir von Ordonnanzen im Range einfacher Soldaten
bedient wurden, hatte ich ernste Sorgen, dass die An-
wesenden verraten werden könnten, und tatsächlich
ist es aus der Geschichte des Widerstandes ja bekannt,
dass manche Naivität und Bedenkenlosigkeit große
Gefahren heraufbeschworen hat.

Wo auch immer man sich in dieser Zeit in Gesellschaft anderer Menschen bewegte, war man auf der
Hut. Wurde ich gefragt, wie es an der Front stehe, antwortete ich ausweichend, nicht nur, weil ich Angst vor
dem Vorwurf der »Wehrkraftzersetzung« gehabt hätte,
sondern auch, weil die Antwort, es stehe angesichts
der Übermacht des Gegners denkbar schlecht, meinem
vielleicht noch zuversichtlichen und opferbereiten
Gegenüber jeden Rest von Hoffnung genommen hätte.

Auch persönliche, ja ganz private Kontakte konnten
jederzeit gefährliche Folgen für die Beteiligten haben.
Eine junge Bekannte meines Bruders hatte sich in einen französischen Kriegsgefangenen verliebt, der zur
Zivilarbeit eingeteilt war, und erwartete von ihm ein

Kind. Ob sie einen Schwangerschaftsabbruch deshalb nicht vornahm, weil sie das Kind haben wollte oder weil kein vertrauenswürdiger Arzt erreichbar war, weiß ich nicht. Jedenfalls gab sich ein guter Freund als Vater aus und rettete so unter schwerer eigener Gefährdung drei Menschen das Leben – nur eines von vielen Beispielen, wie man in dieser Zeit mit der Lüge lebte. In dieser prekären Lage, das war für mich in dieser Heimatzeit 1942 evident, lebten anständige Leute im Glauben an einen gerechten Kampf des Vaterlandes neben ebenso anständigen Leuten, die der Ansicht waren, dass das Regime Verbrechen gegen die Menschlichkeit beging und das Vaterland in den Abgrund führte. So stand in gewisser Weise Anstand gegen Anstand.

Aber natürlich gab es auch die Opportunisten und gewissenlosen Fanatiker, und mitunter war es schwer, sich in der allgemeinen Atmosphäre von Misstrauen und Angst zurechtzufinden. Die sogenannten Achtundsechziger, die ihre Elterngeneration später mit schweren Vorwürfen konfrontierten, haben diese Stimmung nicht erlebt, und sie war ihnen auch schwer zu vermitteln, obwohl ich das als Hochschullehrer immer wieder versucht habe.

Auch meine spätere Frau wuchs als Kind mit der Lüge auf, da ihr Vater zum Schutz einer mit uns befreundeten Jüdin seinem Chauffeur und den Hausangestellten dauernd die Unwahrheit sagen musste, um der Gefahr der Denunziation zu entgehen. Meine Frau hatte das Lügenspiel aus Liebe zu ihrem Vater und zum Schutz aller Beteiligten als selbstverständlich empfunden.

Im Offizierskasino in Neuruppin herrschte eine ähnliche Stimmung. Die Ausbildung der Nachwuchssoldaten war korrekt und, wenn man so sagen kann, militärisch neutral. Aber wenn wir abends im Offizierskreis zusammensaßen, machte sich doch auch Verzweiflung breit, vor allem, als die Katastrophe von Stalingrad nicht mehr zu übersehen war. Manchmal betäubte man das mit Alkohol, und dann erwachte der Landsknecht in uns. Einer schlug vor, wir sollten doch unsere Pistolen einmal ausprobieren, und gab ein paar Schüsse in den Kamin ab. Ein anderer war der Ansicht, das sei kein rechtes Ziel, und stellte Bilder, darunter auch ein Hitlerporträt, in den Kamin, auf das dann geschossen wurde. Gott sei dank hat uns niemand wegen dieses betrunkenen Exzesses verpfiffen, obwohl auch an diesem Abend unsere Ordonnanzen dabei waren. Diese Unmutsäußerungen waren natürlich noch längst kein Widerstand gegen das Regime, aber doch der Ausdruck eines um sich greifenden Fatalismus, der sich Luft machte. Jeder wusste, dass er schon bald wieder zur Front musste und von dort vielleicht nicht mehr zurückkehren würde.

Eine eigenartige Situation erlebte ich, als mein Bruder mir kurz vor Abreise an die nordafrikanische Front erklärte, er erwarte, dass ich alsbald zu den Engländern überlaufe, da ich schließlich nicht für ein Regime kämpfen könne, das meinem Vater ständig mit Verhaftung drohte. Sosehr ich seine Beweggründe verstand, konnte ich seinen Vorschlag doch nicht akzeptieren. Zu desertieren kam für mich nicht infrage. Die Gründe waren einfach: Ich hätte es nicht fertiggebracht, meine Soldaten und Kameraden im Stich zu lassen oder durch irreführende Befehle zu gefährden. Das war die menschliche Seite. Aber auch in politischer Hinsicht sah ich die Dinge anders. Denn noch war ich der Ansicht, dass die Chance bestand, einen erträglichen Frieden zu erreichen. Aber dazu mussten wir, so glaubte ich, einstweilen noch abwehrbereit bleiben.

XI

Fünf Jahre Kriegsgefangenschaft
in der Wüste

Zu Beginn des Jahres 1943 erhielt ich den Marschbefehl zu meinem Regiment, das sich in Rückzugsgefech-
ten an der libysch-tunesischen Grenze befand. Bei meinem letzten Besuch in Berlin verabschiedete ich mich
morgens um vier Uhr von meinen Eltern. Mein Vater
brachte mich noch an die Haustür. Es war das letzte
Mal, dass ich ihn sah.

Mit einer Gruppe von Offizieren ging es per Bahn nach
Kalabrien und dann mit einer Ju 52 über das Mittelmeer.
Wir flogen dicht über dem Wasser, um von den englischen Jägern nicht erkannt zu werden. Der Pilot wies
uns an, nach der Landung in Tunis sofort von Bord zu
springen und das Flugfeld zu verlassen, da mit Luftan-
griffen zu rechnen sei. Tatsächlich wurde der Flugplatz
nur wenige Minuten später von feindlichen Fliegern
unter Beschuss genommen.

Nach langer Wüstenfahrt in Richtung Osten erreichten wir unser Regiment, wo ich erneut das Kommando
über den Panzerbergezug übernahm. Die Rückzugsge-
fechte waren deprimierend. Das Afrikakorps musste
nach zwei Seiten kämpfen: im Westen gegen die Amerikaner und im Osten gegen die Engländer. Die Über-

macht der Alliierten war enorm. Manchmal standen bei einem Angriff mehrere Hundert feindliche Kampfwagen nur knapp fünfzig deutschen Panzern gegenüber. Abwehrerfolge waren nur unseren Langrohrgeschützen zu verdanken. Die Lufthoheit war nahezu komplett auf die Engländer übergegangen. Im Takt von nur wenigen Minuten hatten wir mitunter Geschwader von je 18 Bombern über uns, sodass ein Befehlsaustausch kaum noch möglich war. Überdies waren wir dauerndem Artilleriefeuer ausgesetzt. Treibstoff und Munition gingen zu Ende. Obwohl wir die Gebiete um Gabes und Gafsa noch einige Zeit erfolgreich verteidigen konnten und nach Westen die noch im Wüstenkampf unerfahrenen Amerikaner aufhielten, erfolgte die Kapitulation am 13. Mai.

Ich selbst habe diese endgültige Waffenniederlegung nicht mehr bei der kämpfenden Truppe erlebt, denn ich wurde kurz vorher gefangen genommen. Bei der Suche nach angeschossenen Panzerwagen durchfuhr ich bei Gafsa die Talsohle eines Wadi, als auf dem Wüstenhügel über mir mehrere britische Maschinengewehrwagen erschienen, die sofort das Feuer eröffneten, sodass Sand und Steine um uns herum aufwirbelten. Mein Fahrer und ich wurden nicht verletzt, aber Gegenwehr oder Flucht war sinnlos. Es waren neuseeländische Soldaten, die uns gefangen nahmen. Der Captain sprach mich recht freundlich auf Deutsch an. Er habe einige Zeit in Berlin studiert, erzählte er, und hoffe, dass auf dem Karl-Liebknecht-Haus bald wieder die rote Fahne wehe. Ich fragte ihn, ob er auch in Neuseeland eine kommunistische Regierung akzeptieren würde. Aber dazu schwieg er sich aus.

Schließlich brachte man mich zu einer Gefangenensammelstelle, wo mich der Intelligence-Officer sofort mit Namen ansprach. Die britische Feindaufklärung war offenbar so gut orientiert, dass man die Namen vieler deutscher Offiziere kannte. Etwas entfernt von mir standen etwa zwanzig deutsche Soldaten in der sengenden Sonne aufgereiht. Auf meine Frage nach dem Grund dieser Behandlung wurde mir entgegnet, die Soldaten würden die Angaben zu ihren Regimentern und Waffengattungen verweigern, weshalb man versuche, sie zur Aussage zu zwingen. Da ich selbst bei der Truppe Instruktionen über die Genfer Konventionen erteilt hatte, erinnerte ich den Offizier daran, dass die Gefangenen nicht verpflichtet waren, mehr als Dienstgrad, Name und Nummer anzugeben, doch davon wusste der Offizier offenbar nichts. Der Intelligence-Officer, den ich später auf diese Vorgänge ansprach, war ein jüdischer Emigrant aus Kiel. Seine Antwort in nicht ganz fehlerfreiem Deutsch war entwaffnend: »Sie wissen selbst, wie's is auf'm battle field. Man will's verhindern, aber man kann's nicht.«

Nach kurzem Aufenthalt in einem Lager bei Tripolis wurden wir auf einen Prahm verladen, der im Hafen von Schiff zu Schiff fuhr, weil man nach Möglichkeiten suchte, uns nach Ägypten zu bringen. Manche Schiffe gehörten den »Freien französischen Streitkräften« an, aber niemand wollte uns an Bord nehmen. Stattdessen beschimpfte man uns und bewarf uns mit

Essensresten: Wir hätten in Frankreich genügend Baguette gegessen. Schließlich nahm uns ein französisches Schiff mit. Wir wurden in einen kleinen Raum unter Deck gesperrt, bekamen wenig zu essen und durften während der mehrere Tage dauernden Reise nur für kurze Zeit an Deck, wo es aber »stillgestanden!« hieß, sodass wir reglos ausharren mussten. Zu unserer Überraschung kamen nachts chinesische Wäscher an unsere Tür und brachten uns etwas zu essen und zu trinken. Offenbar empfanden sie eine gewisse Zusammengehörigkeit mit uns. Von Alexandria brachte man uns per Bahn an das südliche Ende des Suez-Kanals zum Großen Bittersee unweit des Roten Meers, wo wir als »Prisoner of War« fünf Jahre, von 1943 bis 1948, interniert blieben.

In dem Offiziersgefangenenlager waren zunächst etwa 200 Gefangene untergebracht, aber diese Zahl nahm ständig zu, da auch Gefangene aus Italien, Griechenland, Kreta und Rhodos zu uns gebracht wurden, sodass am Ende zahlreiche Mannschaftslager mit vielen Hundert Gefangenen und außerdem gesonderte Lager für die Italiener existierten. Während all dieser Jahre lebten wir nur in Zelten, deren Stabilität wir mit luftgetrockneten Sandziegeln zu verbessern suchten, die aber mitunter von heftigen Regenfällen weggeschwemmt wurden. Innerhalb des von Stacheldraht und Wachtürmen umzäunten Lagers hatten wir, unter der Aufsicht des Lagerführers, des jeweils ältesten deutschen Offiziers, volle Freiheit hinsichtlich unserer Selbstbeschäftigung. Der englische Lagerkommandant hatte an die

Küchenbaracke, dem einzigen festen Gebäude im Lager, eine Anordnung mit dem Wortlaut heften lassen: »Sie können saufen und singen, aber nicht singen Deutschland, Deutschland, alles über.« Zu saufen gab es jedoch nichts, denn selbst Wasser war in der heißen Jahreszeit so knapp, dass wir nachts von den selbst aufgestellten Posten geweckt wurden, wenn das Wasser lief. Dann musste man sich beeilen, um sich zu waschen oder einen Tonkrug mit genügend Trinkwasser für den folgenden Tag zu füllen. Auch sonst war das Leben recht hart. Die Ernährung war immer knapp, und wir verteilten die täglichen Brotrationen mithilfe selbst gebastelter Waagen. Die Grundnahrung bestand aus weißen Bohnen und, ganz selten, Hammel- oder Pferdefleisch. Sehr zu schaffen machte uns eine chronische Wanzenplage. Oft klopften wir unsere aus Rohrgeflecht und Holz bestehenden Bettgestelle in der Sonne aus, um einigermaßen schlafen zu können. Beschwerden beim englischen Lagerkommandanten waren zwecklos, denn dessen Antwort lautete regelmäßig, dass es den englischen Soldaten auch nicht besser gehe. Feldpost über das Rote Kreuz kam selten. Einmal im Jahr erschien ein schwedischer Vertreter des Roten Kreuzes, der etwas unbeholfen Beschwerden entgegennahm, ohne dass wir wussten, ob er sie überhaupt weiterleitete. Zu Weihnachten schickte er immerhin ein paar kümmerliche Weihnachtsbäume.

Gleichwohl versuchten wir, diese verlorene Zeit sinnvoll zu verbringen. Soweit der Platz im Lager es zuließ, wurde Sport getrieben, und da sich im Offizierskorps auch zahlreiche Akademiker befanden, organisierte Hans Ulrich Scupin, ein Jurist des öffentlichen und internationalen Rechts, eine Art von Wüstenuniversität. Juristische Reserveoffiziere, Gymnasiallehrer und auch Ärzte richteten Kurse ein. Sogar Examen und Zwischenprüfungen wurden abgehalten, die – etwa bei den Juristen – mit ausführlicher Begründung bescheinigt wurden. Diese Studiengänge wurden auf Scupins Initiative später von den deutschen Kultusministerien bei der Berechnung der Studienzeiten anerkannt. Ich selbst habe in Heidelberg als Spätheimkehrer zwei Semester eingespart. Mit Scupin blieb ich lange Jahre befreundet. Als Hochschullehrer unterrichteten wir Jahre später sogar die gleichen Fächer.

Bis 1945 war die Kameradschaft im Lager hervorragend. Mit der Zeit kannte jeder die Familiengeschichte des anderen, was in Anbetracht der jahrelangen, oft nächtlichen Spaziergänge entlang dem Stacheldraht kein Wunder war, und je nach Interessengebiet entstanden Freundeskreise, die sich gemeinsamen Studien widmeten. So führte mich ein Mitgefangener, der es später zum Professor für Philosophie brachte, in die Denkgebäude von Kant, Hegel und Schopenhauer ein, Lektionen, die ich nie vergessen habe.

Natürlich wurden auch immer wieder Fluchtmöglichkeiten erörtert und sogar konkrete Pläne geschmiedet, obwohl eigentlich klar war, dass sie von vornherein zum Scheitern verurteilt waren. Der erste deutsche Lagerführer, ein Major, der Standartenführer der SA gewesen war, erklärte den Fluchtversuch zu einer militärisch-moralischen Pflicht eines jeden Soldaten. Wir lachten darüber, unternahmen aber dennoch den einen oder anderen Ausbruchsversuch. So wurde in einem der Zelte in langer nächtlicher Arbeit ein Tunnel gegraben, der unter dem Stacheldraht ins Freie führen sollte. Abwechselnd lagen wir tief unter der Erde und gruben uns nach vorn, am Bein einen Strick, an dem wir im Falle einer Ohnmacht durch Luftmangel herausgezogen werden konnten. Die Flucht scheiterte, weil wir kurz vor Fertigstellung des Tunnels in ein anderes Lager verlegt wurden. Mitunter versuchte jemand, bei einem Gang in das außerhalb des Stacheldrahtes gelegene Krankenrevier zu fliehen und sich den Arabern anzuvertrauen, die den Weg nach Norden über Palästina zur Türkei kannten. Aber auch das gelang nie, denn die einheimischen Führer lieferten den Flüchtling alsbald gegen Kopfgeld an die Engländer aus. Die Folge war dann eine disziplinarische Bestrafung, die darin bestand, dass der Delinquent für 28 Tage in eine Steinzelle bei Wasser und Brot gesperrt wurde. Ein Offizier, den diese Strafe erwartete, verlangte vom englischen Lagerkommandanten, dass man ihm Hitlers »Mein Kampf« oder die Bibel mit in die Zelle gäbe, da man dies auch im Strafvollzug der Wehrmacht hatte fordern können. Zu unserer Erheiterung reagierte der englische Kommandant gänzlich humorlos und ungehalten.

Eines Tages – es mag 1944 gewesen sein – wurde uns erklärt, die österreichischen Offiziere und Soldaten stünden nicht mehr unter dem Schutz der Genfer Abkommen und würden in ein Sonderlager verbracht, da die Annexion Österreichs durch das Deutsche Reich von Großbritannien nicht anerkannt würde und die Österreicher keine Kombattanten im Sinne des Kriegsrechts seien. Aus Protest traten wir geschlossen in den Hungerstreik. Die Mannschaftslager, mit denen unsere Marineoffiziere durch Handmorsezeichen immer Verbindung hatten, schlossen sich an. Zu den italienischen Gefangenen im Nachbarlager nahm ein Offizier, der des Italienischen mächtig war, über lautes Rufen Verbindung auf. Er rief: »Protestiamo contro il trattamento dei nostri camerati.« Die Italiener riefen im Chor begeistert zurück: »Protestiamo!«. Dann rief unser Dolmetscher: «Niente laborare!« Und vielstimmig riefen die Italiener zu uns herüber: »Niente laborare!« Dann rief der Dolmetscher: »Niente mangiare!« Wir warteten auf Antwort, aber alles blieb stumm. Offenbar hatten wir von unseren Alliierten zu viel verlangt. In den nächsten Tagen wurden immer mehr Kranke in das Gefangenenlazarett eingeliefert. Dann, nach zehn Tagen, in denen wir nichts gegessen hatten, erklärte uns der englische Lagerkommandant, der Befehl sei von der englischen Regierung zurückgenommen worden; die Österreicher befänden sich als reguläre Kombattanten wieder unter dem Schutz der Genfer Abkommen. Das wurde uns auch von dem Vertreter des Roten Kreuzes, einem schwedischen Diplomaten, zugesichert.

Dann und wann kam es vor allem in den Mannschaftslagern zu Zwischenfällen mit den Wachturmbesatzungen, die meist aus schwarzen Afrikanern bestanden. Wenn die Soldaten Fußball spielten und ein Ball über den hüfthohen Warndraht vor den mannshohen Stacheldraht fiel, konnten wir ihn nicht einfach holen, denn die Posten auf den Türmen waren angewiesen worden, bei Überschreiten des Warndrahtes sofort zu schießen. Das war uns bekannt. Dennoch zeigte eines Tages ein Soldat auf den Fußball hinter dem Draht, dann auf sich und auf den Wachposten, womit er wohl fragen wollte, ob er den Ball holen dürfe. Der Posten schien das mit einer entsprechenden Geste zu genehmigen. Aber als der Soldat den Draht überstieg, wurde er ohne weitere Warnung von dem Posten erschossen. Ich hatte nur eine Erklärung dafür: Offenbar war der Mann auf dem Wachturm einerseits der Ansicht gewesen, dass der Soldat seinen Ball ruhig holen könne; andererseits aber hatte er den Befehl im Kopf, dass er zu schießen hatte, wenn jemand den Draht überstieg. In dieser widersprüchlichen Situation angemessen zu reagieren, überforderte wohl seine geistigen Kräfte.

Auch ein anderes Ereignis ist mir noch immer in düsterer Erinnerung. Die Engländer brachten Gefangene, von denen sie sich Auskünfte über die deutschen Streitkräfte versprachen, in ein besonderes Verhörlager bei Kairo. Wurden diese Verhörten dann in unser Lager eingewiesen, so erzählten sie, dass man gedroht habe, man werde sie im Falle einer Aussageverweigerung eine Grube ausheben lassen und sie erschießen: Es gäbe genügend Leute, die diese Aufgabe mit Freuden erledigen würden. Wir konnten diese Erzählungen nicht nachprüfen, aber sie stimmten im Wesentlichen

überein. Zu den Verhörmethoden der Engländer soll es
auch gehört haben, dass man versuchte, einzelne Gefangene »umzudrehen«: Sie sollten in unsere Lager eingewiesen werden, um andere Gefangene auszuhorchen,
etwa über die Bewaffnung oder die Zusammensetzung
der Truppenteile. Wie viele dieser »Überläufer« es gab,
konnten wir nicht feststellen. Jedenfalls kam es bald
zu einem erschütternden Vorfall. In einem der Mannschaftslager enttarnte man einen vermeintlichen Überläufer. Die Wut der Soldaten war enorm, wohl auch
aufgrund der harten Bedingungen der Gefangenschaft
und der schwer erträglichen Wüstenhitze. Hunderte
von erregten Gefangenen brüllten, man müsse ihn auf-
hängen. Jemand legte ihm einen Strick um den Hals
und erhängte ihn an der Küchenbaracke, ohne dass die
Wachposten eingriffen. Die Engländer verhafteten den
Feldwebel, der als deutscher Lagerältester die Aufsicht
führte, weil er die »Exekution« nicht verhindert hatte,
und stellten ihn vor ein englisches Kriegsgericht. Die
Juristen unter den Reserveoffizieren in unserem Lager
berieten, wie sie dem Feldwebel Rechtsbeistand leisten
konnten. Die Engländer genehmigten diese Art der
Verteidigung, zu der dann der älteste deutsche Offizier
mit juristischem Beistand zugelassen wurde. Die Verteidigung argumentierte, dass der Feldwebel selbst sein
Leben riskiert hätte, wäre er gegen die aufgebrachte
Meute vorgegangen, und dass es unmöglich gewesen
wäre, die Massenpsychose zu stoppen. Die Argumente
der Verteidigung aber wurden von dem englischen
Kriegsgericht nicht für relevant erachtet, und der ange-

klagte Feldwebel wurde zu zehn Jahren Zwangsarbeit verurteilt. Er soll während dieser Zeit gestorben sein.

Die eigentlich Verantwortlichen aber blieben vorerst unentdeckt und entgingen der Verurteilung. Aber zwei Jahre später – Deutschland hatte inzwischen kapituliert – ließ mich der Lagerkommandant, ein Oberstabsarzt, in sein Zelt kommen, wo er auf einen neben ihm sitzenden Soldaten wies und erklärte, dies sei der Mann, der den »Überläufer« aufgehängt habe. Als ich den Mann, der von Beruf Schuster war, nach einer Erklärung fragte, fiel seine Antwort kurz aus: »Wenn 400 Männer brüllen: Hängt ihn auf, dann muss es einer ja machen. Da habe ich es eben getan.« Dann schwieg er wieder.

Eine radikale Wende in den menschlichen Beziehungen unter den Gefangenen trat mit dem Jahr 1945 im Lager ein. Die Nachricht von der Kapitulation der deutschen Wehrmacht kam nicht unerwartet, obwohl einige der später eingelieferten Gefangenen, vor allem aus Italien, behauptet hatten, der Krieg sei noch lange nicht verloren, denn Hitler verfüge über Geheimwaffen, die die Wende bringen würden. Als dann klar war, dass der Krieg verloren und Deutschland nach dem Selbstmord Hitlers bedingungslos kapituliert hatte, herrschte im Lager Ratlosigkeit. Ältere Offiziere, die zum Teil schon am Ersten Weltkrieg teilgenommen hatten, nahmen die Nachricht am ruhigsten auf. Das Leben gehe weiter, meinten sie, man habe das ja schon einmal erlebt. Diejenigen aber, die bis zum Schluss gehofft hatten, fühlten sich nun vom Schicksal im Stich gelassen. Dass der »Führer« tot war, wurde von manchen als Katastrophe angesehen, von anderen kommentarlos hingenommen.

Eines Tages erschien ein englischer Offizier des Intelligence-Service im Range eines Majors, der sich mit dem deutschen Lagerkommandanten, einem Obersten, der gerade erst in das Lager eingeliefert war und den Eindruck eines Haudegens machte, zu einem langen Gespräch zurückzog. Dann wurden die Offiziere zusammengerufen, und der Oberst hielt eine wahrhaft kurze Rede. »Meine Herren«, verkündete er, »in diesem Lager herrscht ab sofort Demokratie. Das bedeutet, dass die Mehrheit entscheidet, und die Minderheit nichts zu sagen hat.« Dann beugte er sich zu dem Intelligence-Officer herüber und sagte mit unbeweglichem Gesicht: »So war es doch richtig, nicht wahr, Herr Major?« Das Offizierkorps grinste, und man zerstreute sich wieder.

Die Auswirkungen dieser »Demokratisierung« waren zum Teil grotesk, mitunter auch abstoßend. Man gründete »demokratische Arbeitsgemeinschaften«, die endlos debattierten und mit autoritärem Habitus auftraten. Reserveoffiziere, die von Beruf Theologen waren, boten Seelsorge und Andachten für die, die plötzlich fromm geworden waren. Das Misstrauen untereinander wuchs, denn viele hatten sich in den Jahren zuvor ihre Lebensgeschichte und ihren politischen Werdegang erzählt und fürchteten, von anderen denunziert zu werden, was in manchen Fällen auch geschah. Für diejenigen, denen die Zugehörigkeit zur SS oder zu höheren Parteigremien angelastet wurde, errichtete man ein besonderes Lager. Liebedienerei gegenüber der Gewahrsamsmacht war an der Tagesordnung, vor allem unter den etwas älteren Gefangenen, die hofften, auf diese Weise schneller in die Heimat entlassen zu werden. Die jüngeren Soldaten waren meist erheblich »wurstiger«. Ihnen war klar, dass ein politischer Neuanfang gemacht werden musste, aber sie wollten weiter als Soldaten behandelt werden und nicht als Objekte einer »Reeducation«, die vor allem dann fragwürdig erschien, wenn sie auf reinem Opportunismus beruhte. Manch ein Gefangener hoffte ja, durch Willfährigkeit gegenüber den »Erziehern« eine frühere Heimkehr zu erreichen. Beim Ausfüllen der Fragebogen, in denen wir Auskunft über unsere Vergangenheit geben sollten, habe ich gleichwohl nicht darauf hingewiesen, dass meine Familie politisch verfolgt war, und auch mein Freund Hermann v. Kleist verzichtete meines Wissens auf die Angabe, dass sein Vater von den Nazis ermordet worden war.

Natürlich machten wir uns alle Sorgen um die Zukunft, da die jüngeren Offiziere außer Abitur und militärischen Kenntnissen keine Berufsausbildung hatten, und sehnten die Entlassung aus der Gefangenschaft herbei, die aber noch weitere drei Jahre auf sich warten lassen sollte. Einmal versetzte uns das Gerücht in Schrecken, dass wir in den Kaukasus zu den Russen verlegt werden würden. Dann wieder sprachen Kameraden davon, dass man fliehen solle, um in die spanische Fremdenlegion einzutreten, die Offiziere wie uns gut gebrauchen könne.

Leutnant Axel Schmidt-Dankwart, Leutnant
Hans-Rudolf Meyer, Oberleutnant Karl Doehring,
Leutnant Hermann v. Kleist (v. l. n. r.)

Erfreulich war, dass wir das Lager ab 1946 tagsüber
verlassen durften, was wir aber nur in Gruppen taten,
denn einzelne Soldaten waren von der Bevölkerung
ausgeraubt worden – soweit es überhaupt etwas zu rau-
ben gab. Wir badeten im Großen Bittersee, spielten
Hockey, bauten uns kleine Segelboote, machten Ein-
käufe in einer arabischen Kantine, da der uns gemäß
den Genfer Konventionen zustehende Wehrsold nun in
bar (Piaster) ausgezahlt wurde. Die Mannschaften wurden zu Arbeitskompanien eingeteilt, und den Offizieren wurde freigestellt, Kommandos zu übernehmen,
die Schiffe beluden oder die Stützpunkte der englischen Armee versorgten. Die meisten von uns lehnten
eine solche Kommandoübernahme ab und zogen es
vor, ihre Studien fortzuführen.

Alle Gedanken drehten sich natürlich um die Frage, wann wir entlassen würden. Ab 1947 wurden zunächst die älteren Familienväter nach Deutschland zurückgebracht. Wir jüngeren folgten erst 1948. Ich selbst gehörte zu den letzten Soldaten des Afrikakorps, die auf die lange Seereise durch das Mittelmeer, die Straße von Gibraltar, die Biscaya und den Ärmelkanal nach Hamburg verfrachtet wurden. Wir hatten immer Hunger, denn die Verpflegung war äußerst knapp, und erbost sahen wir zu, wie die englischen Soldaten die Delfine mit Brot fütterten. Von Hamburg ging es zur Demobilisierung nach Munster-Lager in der Lüneburger Heide und von dort nach Memmingen in Württemberg, bis ich endlich in Heidelberg ankam. Dort hatten sich inzwischen auch meine Mutter, meine Schwester und mein Bruder zusammengefunden, nachdem in Berlin alles, was wir besessen hatten, bei den Bombenangriffen vernichtet worden war.

XII

DER WEG IN DIE
AKADEMISCHE BERUFSAUSÜBUNG

Es war die Zeit kurz vor der Währungsreform. Meine Mutter lebte von den letzten Ersparnissen. Mein Vater war 1947 auf einer Fahrt nach Berlin tödlich verunglückt. Er hatte sich in Hannover einer Fahrgemeinschaft angeschlossen, und man fand ihn mit einer schweren Schädelverletzung bewusstlos in einem Gebüsch an dem Autobahnzubringer Nikolassee. Er wurde in ein Krankenhaus verbracht. Meine Mutter, die die Nachricht erst spät erhielt, traf ihn nicht mehr lebend an. Ob ein Unglücksfall oder ein Verbrechen vorlag, konnte nicht geklärt werden.

Ich überlegte zunächst, ob ich einen handwerklichen Beruf erlernen sollte, der mir so schnell als möglich eine Lebensgrundlage bieten würde, etwa als Fahrlehrer, Buchdrucker oder auch Bauarbeiter. Dann beschloss ich aber, mich erst einmal immatrikulieren zu lassen. Ausgerüstet mit allen Papieren, insbesondere den Bescheinigungen über das Studium in der Gefangenschaft, ging ich in die alte Universität, wo mich ein Herr ansprach, an dessen Äußeren ich nicht erkennen konnte, welche Funktion er ausübte, denn wir alle waren damals gleich schäbig angezogen und trugen mitunter noch die alten Militärklamotten. Der Herr fragte mich, was ich hier wolle. Ich hielt ihn für den Hausmeister und sagte, ich wolle einen Antrag auf Immatrikulation stellen. Da ich hier aber nicht Bescheid wisse, bäte ich ihn, meine Papiere an der entsprechenden Stelle einzureichen. Er verschwand mit meinen Dokumenten. Einige Zeit später wurde ich zu einem Aufnahmegespräch einbestellt. Vorsitzender der Kommission war zu meiner Überraschung eben jener Herr, den ich für den Hausmeister gehalten hatte. Wie sich herausstellte, war es der Dekan der Juristischen Fakultät. Die Zulassungskommission, der auch ein kriegsversehrter Student angehörte, arbeitete in einem Ton, dessen Barschheit mich irritierte. Man stellte fest, dass mein Abiturzeugnis nicht gerade glanzvoll sei, und im Verlauf des Gesprächs zeigte sich, dass die Kommission ehemalige Offiziere nicht sehr schätzte. Dennoch wurde ich immatrikuliert. Das war der Anfang meiner dann doch ganz erfolgreichen Karriere als Hochschullehrer, die ich im Winter 1948/49 mit fast dreißig Jahren begann.

Das erste, ganz profane Problem bestand darin, wovon ich leben sollte, denn ich hatte keinen Pfennig Geld. In weiser Voraussicht hatte ich die letzten Piasterzahlungen, die wir aufgrund der Genfer Konventionen erhalten hatten, dazu verwendet, Dinge einzukaufen, die es nach unserer Kenntnis in Deutschland kaum gab. In einem im Lager angefertigten Holzkoffer hatte ich mehrere Hundert Zigaretten, mehrere Kilo Rohkaffee, Pflanzenfett, Nähgarn und Feuersteine mitgebracht. Das half mir in der ersten Zeit. Nach der Währungsreform erinnerte ich mich daran, dass einer meiner engeren Freunde in der Gefangenschaft Mitglied der Familie Heinrich war, die in Selb Porzellan produzierte. Ich schrieb ihm, mir sei bekannt, dass Amerikaner gern deutsches Porzellan kaufen würden, und fragte, ob er mir etwas liefern könne. Der umgehenden Antwort verdanke ich, dass ich weiter studieren konnte: Gerhart Heinrich schickte mir zwei Kisten mit Heinrich-Porzellan, gold verziert und in Deutschland noch nicht auf dem Markt. Es handelte sich um zwei Service. Ich solle versuchen, sie für 4000 D-Mark zu verkaufen. 2000 D-Mark könne ich behalten. So war ich zunächst finanziell gesichert. Ich blieb meinem Freund ein Leben lang dankbar. Später erhielt ich 90 D-Mark monatlich als Spätheimkehrerhilfe.

Die Studentenschaft war bunt gemischt. Ein großer Teil bestand aus Kriegsteilnehmern, die aus der Gefangenschaft und aus Lazaretten kamen, aus Verhältnissen also, in denen sie nahezu wörtlich um das nackte Leben hatten kämpfen müssen. Neben einem Studenten, der einen Arm verloren hatte, saß manchmal ein Beinamputierter oder auch ein Rollstuhlfahrer. Andere, jüngere Studenten kamen aus oftmals besser gesicherten Verhältnissen, obwohl auch sie meist nur mit dem Allernotwendigsten ausgestattet waren. Die Vorlesungen waren immer voll, denn Bücher gab es wenig. Der Studieneifer war enorm, da alle sobald wie möglich ins Berufsleben wollten. Alle waren wissbegierig, diskussionsfreudig und kritisch denkend. In den Seminaren wurde heftig debattiert, etwa über die Vorzüge oder Nachteile des Berufsbeamtentums, des Streikrechts oder des Wahlsystems, war doch der neue Staat eine terra incognita. Das Grundgesetz trat erst nach Beginn meines Studiums in Kraft. Amüsiert denke ich an eine Hausarbeit bei dem bekannten Öffentlichrechtler Professor Walter Jellinek. Ich hatte erwogen, wie das Grundgesetz denn funktionieren könne, falls im Bundestag und Bundesrat einmal politisch verschiedene Mehrheiten bestünden. »Völlig abwegig«, schrieb Jellinek an den Rand meiner Arbeit. Das zeigte mir, dass die juristische Fantasie eines Studenten derjenigen eines Professors manchmal überlegen sein konnte, wie sich in den vergangenen Jahren erwiesen hat. Die Vorlesungen waren Monologe, zum Teil hervorragend, zum Teil aber auch einschläfernd. Fragen waren unerwünscht. Das war für meine spätere Lehrtätigkeit eine entscheidende Erfahrung: Ich selbst habe mich jedenfalls immer bemüht, Monologe zu meiden, und habe dankbar jede Zwischenfrage begrüßt, war sie doch die Kontrolle auch meines eigenen Denkens.

Die Fakultät bestand aus etwa zehn Professoren, und wenn die Lehrstuhlinhaber auch exzellente Wissenschaftler waren, so enttäuschte mich doch die Unnahbarkeit, die viele von ihnen ausstrahlten. Lag es daran, dass die Studenten Scheu vor der menschlichen Begegnung hatten, oder daran, dass die Professoren ihrerseits Berührungsängste hatten, die sie nicht überwinden konnten? Wie auch immer: Als Student machte ich nun die Erfahrung, dass ich, der ich im Krieg als Offizier die

Last der Verantwortung getragen und inzwischen das dreißigste Lebensjahr überschritten hatte, mich als Fahnenjunker mit meinem Regimentskommandeur ungezwungener hatte unterhalten können als jetzt mit vielen Professoren.

Es gab aber erfreuliche Ausnahmen. So lernte ich bald Ernst Forsthoff kennen, den damals wohl angesehensten Professor des öffentlichen Rechts. Er hatte 1933 das Buch »Der totale Staat« geschrieben, das von späteren Kritikern als eine Rechtfertigung des NS-Regimes eingestuft wurde. Dem lag meines Erachtens ein Irrtum zugrunde. Forsthoff hatte, wie viele, den nationalen Aufbruch von 1933 als Ende einer missglückten Staatsgestaltung der Weimarer Republik empfunden, hatte mehr staatliche Autorität eingefordert, dabei aber darauf hingewiesen, dass die NS-Bewegung nicht über dem Staat stehe, sondern ihm zu dienen habe. Der NS-Ideologe Alfred Rosenberg beanstandete diese Konstruktion, wonach Forsthoff – was er selbst als Fehler bekannte – die entsprechende Passage in einer zweiten Auflage strich. Danach wurde seine Abkehr vom NS-Regime deutlich, was zur Folge hatte, dass er in Wien, wo er einen Lehrstuhl angenommen hatte, Lehrverbot erhielt. Bis zum Kriegsende lehrte er dann in Heidelberg, wo er 1945 durch die amerikanische Universitätsaufsicht wiederum ein Lehrverbot erhielt, das bis 1950 aufrechterhalten wurde.

Die enge Bekanntschaft mit Forsthoff hat meinen eigenen akademischen Lebensweg stark geprägt. Nicht deshalb, weil wir immer einer Meinung waren, was keineswegs der Fall war, sondern weil mein Lehrer eben das repräsentierte, was diesen Beruf in meinen Augen letztlich so wertvoll macht, nämlich die Kombination von Offenheit und Prinzipientreue, wenn man vom moralischen Wert eines Prinzips überzeugt ist. Dieser Zustand kann nur dann eintreten, wenn erkannt wird, dass die reine Ratio ein lebensnotwendiges Wertbewusstsein nicht ersetzen kann. Dass das auch für den Juristen gilt, hat mein akademischer Lehrer vorgeführt, und darin bin ich ihm gerne und überzeugt gefolgt. Es ist nicht die Norm, sondern der Mensch, der dem Recht seine Würde gibt, betonte er eindrucksvoll. Wenn es im geltenden positiven Recht zu Normenkonflikten kommt – wenn etwa das Grundgesetz die Freiheit der Person verbürgt, ihre Ausübung aber doch nicht grenzenlos sein kann, weil sonst die Belange der Allgemeinheit missachtet wären –, kann die Entscheidung darüber, wo diese Grenze liegt, nur durch Rückgriff auf eine Wertauffassung getroffen werden, die sich reiner Ratio entzieht und zu einer Gewissensfrage werden kann. Auf dieser Erkenntnis beruhte auch die Rechtfertigung des Widerstandes gegen das NS-Regime. Apodiktische Äußerungen, zu denen Gustav Radbruch neigte und den ich noch in einer Vorlesung erlebt habe, sind deshalb gefährlich. In der Weimarer Republik erklärte Radbruch, er habe die größte Hochachtung vor einem Richter, der in Anwendung des positiven Rechts seinem richterlichen Gewissen doch nicht folge, während er nach 1945 den Standpunkt vertrat, er habe die höchste Hochachtung vor einem Richter, der das positive Recht nicht anwende, wenn es ihm sein Gewissen verbiete.

Das erste Staatsexamen legte ich schon nach fünf Semestern ab, da mir das Studium in der Gefangenschaft angerechnet wurde. Wie effektiv wir hinter Stacheldraht gelernt hatten, zeigte sich daran, dass es mir gelang, ein besonders gutes Referendarexamen zu bestehen. Es folgte die Referendarausbildung bei der praktizierenden Justiz, also in erster Linie bei Gericht und Staatsanwaltschaft. Hier nun wurde mein juristischer Idealismus ab und zu gedämpft. Den ersten Schock erhielt ich, als ich einem Assessor zugeteilt wurde, der als Einzelrichter tätig, aber noch kein Beamter war. Ich hatte Strafbefehlsanträge der Staatsanwaltschaft zu prüfen und stellte fest, dass einer dieser Anträge nicht standhielt, weil er nicht »schlüssig« war. Auf mein Bedenken, dass diesem Antrag nicht stattgegeben werden könne, sagte mir der Assessor, er werde den Strafbefehl dennoch erlassen, denn er sei vom Oberstaatsanwalt beantragt, und er wolle keinen Ärger erregen und womöglich seine Ernennung zum Beamten aufs Spiel setzen. Aber hatte nicht auch mancher Richter im NS-Regime ähnlich argumentieren können? Ein anderes Mal erlebte ich, wie ein Richter eine Kostenentscheidung erließ, auf deren Inhalt sich eine Prozesspartei berief. Die obere Instanz, das Landgericht, hatte Bedenken gegen diese Entscheidung und hielt sie für unklar. Der Landgerichtspräsident wurde befragt, wie man sich verhalten solle. Der Präsident entschied, der Richter sei zu befragen, wie er die Kostenentscheidung selbst gemeint habe. Ich sagte dem Präsidenten in aller Bescheidenheit, auf die nachträgliche Auffassung des Richters könne es wohl nicht ankommen, denn ausschlaggebend sei doch, wie der Adressat die Entscheidung objektiv auffassen dürfte, ein alter Grundsatz auch der Auslegung jeder Willenserklärung. Erfolg hatte dieser Hinweis nicht, und mir kam die Erinnerung an das, was man Kadi-Justiz nannte. Solche kleinen Ereignisse haben mich damals zwar irritiert, meinen Glauben an eine unabhängige Justiz aber nicht beeinträchtigen können. Stärkere Zweifel kamen mir erst später bei dem Umgang mit hohen und höchsten Gerichten, aber darüber ist noch zu berichten.

Während der Referendarzeit war ich gleichzeitig der erste Assistent am 1949 wiedererrichteten Max-Planck-Institut für ausländisches öffentliches Recht und Völkerrecht, dem Nachfolgeinstitut des Kaiser-Wilhelm-Instituts in Berlin. Ernst Forsthoff hatte mich hierfür dem Direktor des Instituts, Carl Bilfinger, vorgeschlagen, insbesondere weil ich im Französischen und Englischen mühelos arbeiten konnte. Die Kenntnisse im Französischen hatte ich im Collège français erworben, das Englische in der langen Gefangenschaft gelernt, sodass mir auch internationales Recht keine sprachlichen Schwierigkeiten machte. Wegen dieser Doppelarbeit wurde meine Promotion erst nach dem Assessorexamen fertiggestellt. Auch als Assistent und dann als Referent am Institut erlebte ich Überraschungen: Neben der wissenschaftlichen Forschung waren von Zeit zu Zeit auch Gutachten für staatliche Behörden zu erstellen, insbesondere für das Auswärtige Amt. Eines Tages übertrug mir Carl Bilfinger, der menschlich besonders angenehme, liebenswürdige und außerordentlich gebildete Direktor des Instituts, der als Vertreter des Reichs in dem berühmten Prozess »Preußen contra Reich« von 1932 bekannt geworden war, die Aufgabe, für die Bundesregierung ein Gutachten zu erarbeiten. Es ging darum, dass holländische ehemalige Kollaborateure des Dritten Reichs aus einem Gefängnis in Breda nach Deutschland geflüchtet waren und die Niederlande ihre Auslieferung beantragt hatten. Ich prüfte die Rechtsgrundlagen und kam zu dem Schluss, dass eine Auslieferung zulässig sei – allerdings bestünden Bedenken, wenn man die Auszuliefernden als politische Delinquenten ansehe. Dann nämlich bestehe eine Auslieferungspflicht nach allgemeinem Völkerrecht nur, wenn das in einem Vertrag ausgeschlossen sei. Carl Bilfinger lobte das Gutachten, bemerkte aber, ich solle den Hinweis auf ein politisches Delikt streichen. Das mache Adenauer »nur nervös«. Die Bundesregierung neige ja zu einer Auslieferung.

Eine ähnliche Situation erlebte ich wenig später, als Bilfinger sein Amt als Direktor an Hermann Mosler übergab, der zunächst als Ordinarius in Frankfurt, dann als Leiter der Rechtsabteilung des Auswärtigen Amtes tätig war. Er übertrug mir eines Tages die Ausarbeitung eines Gutachtens, das zu der damaligen Praxis der USA in Bezug auf die Wehrpflicht von Ausländern Stellung nehmen sollte. Als ich feststellte, dass die Rechtsordnung der USA völkerrechtlich bedenklich sei, sagte Mosler zu mir, so etwas würde das Auswärtige Amt »nicht gerne hören« – woraus ich schloss, dass ein anderes Ergebnis opportuner gewesen wäre. Ich war doch überrascht, dass ich als Wissenschaftler aus politischen Gründen etwas erarbeiten sollte, was dem Auftraggeber gefiel, und bin einem solchen dubiosen Auftrag nie gefolgt. Auch später, als Ordinarius und als Direktor am Max-Planck-Institut, hätte ich äußerste Bedenken gegen die fachliche Qualität jüngerer Mitarbeiter empfunden, wenn sie nur das geschrieben hätten, was der Auftraggeber hören wollte. Niemals bin ich auf den Gedanken gekommen, Mitarbeiter auf politische Rükksichten zu verweisen oder sie sogar anzumahnen. Ich hätte diese Vorgänge nicht erwähnt, wenn ich nicht immer wieder erlebt hätte, dass auch in akademischen Kreisen gegen diese Grundsätze verstoßen wurde.

Meine Promotion erfolgte 1956 mit einer Arbeit, die ein im geltenden Recht bisher nicht behandeltes Thema betraf, nämlich die Pflicht der Staatsgewalt zur diplomatischen Protektion ihrer Staatsbürger. Ein jüngerer Kollege, der von dem Thema Kenntnis hatte, veröffentlichte darüber noch vor meiner Publikation einen Aufsatz, der allerdings zu einem anderen Ergebnis als ich kam. Als ein faires Verhalten konnte man das wohl nicht ansehen. Die Gerichtsbarkeit, endgültig dann im Eichmann-Prozess, folgte meiner Auffassung, und später galt meine Arbeit als ein »Klassiker des Völkerrechts«, worauf ich wohl mit gewisser Berechtigung stolz war. Meine Habilitation fand dann 1962 wiederum unter der Betreuung von Ernst Forsthoff statt. Ich war nun, aufgrund der langen Kriegszeit und der Gefangenschaft, schon dreiundvierzig Jahre alt. Noch im Jahr der Habilitation erhielt ich einen Ruf an die Universität Göttingen. Gleichzeitig ließ mich die Heidelberger Fakultät wissen, dass auch sie mich berufen würde, wenn ich Göttingen ablehne. Ich habe beide Berufungen nicht angenommen, was für einen Privatdozenten ein bisher unbekanntes Verhalten war und mir auch kollegialen Ärger einbrachte. Aber ich hatte das Gefühl, den in meinen Augen höchsten Anforderungen an ein Ordinariat noch nicht gewachsen zu sein, hatte ich doch mehr als zehn Jahre in meinem Bildungsgang verloren. So wollte ich noch einige Zeit in der Forschung tätig sein, ehe ich die volle Verantwortung als Hochschullehrer übernahm. Ich beriet mich mit dem damaligen Präsidenten der Max-Planck-Gesellschaft, Adolf Butenandt, der mir anbot, ich könne als Wissenschaftliches Mitglied bei der Gesellschaft bleiben und, wenn ich wolle, später an eine Universität wechseln. So wurde ich zum Honorarprofessor in Heidelberg ernannt, lehrte in dieser Eigenschaft vier Jahre neben meinen Forschungsarbeiten im Max-Planck-Institut. Noch vor der Habilitation hatte mir das Auswärtige Amt angeboten, mich ohne Karrierelaufbahn als Vortragenden Legationsrat einzustellen, aber Forsthoff riet mir damals zur Habilitation. Zu dieser Zeit war er Präsident des Verfassungsgerichts in Zypern, und als er 1967 vorzeitig aus dem Amt schied, erteilte die Fakultät mir den Ruf auf seinen Lehrstuhl, den ich mit Freude annahm, da ich mich aufgrund meiner Forschungsarbeiten zunehmend für die Lehre begeisterte.

Gerne denke ich an die Zeit des Aufbaus unseres Staates und seiner Wissenschaft zurück. Auch in dieser Zeit bewährte sich die Maxime: »Selbstbewusst und doch bescheiden«, wie sie mir schon als preußischem Offizier eingeprägt worden war. Wie bescheiden wir waren, kommt mir in Erinnerung, als ich 1952 das erste Gehalt am Max-Planck-Institut bekam und Forsthoff zu mir sagte: »Nun haben Sie 300 D-Mark im Monat und können heiraten.« So geschah es denn auch. Meine Verlobte – auch das war noch Tradition – war schon als Ärztin promoviert. Wir sind beide Berliner und heirateten auch dort. Mit einem Möbelwagen fuhren wir zurück nach Heidelberg. Bei der Kontrolle an der DDR-Grenze bewunderte ein Volkspolizist die Cognacflasche, die ich bei mir hatte. Sein Gesicht deutete Begehrlichkeit an. Sollte ich sie ihm geben? Das konnte Bestechung zur erleichterten Kontrolle sein. Sollte ich sie behalten? Das konnte seinen Neid erzeugen. Ich nahm den Neid in Kauf und erinnerte mich daran, dass eine solche Situation auch in der Nazizeit »normal« gewesen wäre.

XIII

Staats- und Völkerrechtslehre in der Nachkriegszeit

Im Jahre 1968 wurde ich mit der Übernahme eines vollen Ordinariats Nachfolger von Ernst Forsthoff, allerdings nicht in seiner Eigenschaft als Nestor des Verwaltungsrechts. Vielmehr lehrte ich vorrangig Verfassungsrecht, Allgemeine Staatslehre, Völkerrecht und Europarecht. Das Verwaltungsrecht begrenzte ich auf Fragen des Verfahrensrechts. Die Lehre in diesen Fächern hat mich wegen ihrer Aktualität immer wieder herausgefordert. Meine Vorlesungen waren dafür bekannt, dass die ersten zehn Minuten regelmäßig der Behandlung von Tagesereignissen gewidmet waren, soweit diese mit meinen Lehrthemen in Verbindung standen. Meine Lehrpflichten habe ich sehr ernst genommen und mich von ihnen niemals durch Nebentätigkeiten ablenken lassen, wie ich das bei manchen Kollegen vielfach feststellen musste. Wenn ich mich recht erinnere, habe ich mich in etwa vierzig Jahren meiner Lehrtätigkeit ein einziges Mal durch einen Assistenten in der Vorlesung vertreten lassen, weil ich so heiser war, dass ich nicht sprechen konnte. Wie gut und notwendig – im Sinne von Humboldt – Forschung und Lehre zu vereinen sind, wenn man sich beiden voll widmete, erfuhr ich dadurch, dass es mir gelang, auf dem Gebiet meiner Hauptdisziplinen Lehrbücher in mehreren Auflagen zu verfassen. Ich habe, auch noch nach der Emeritierung, nahezu hundert Doktoranden und sechs Habilitationen betreut, die alle zur Berufung auf ordentliche Lehrstühle führten. Mein erster Habilitand war Georg Ress (Universität Saarbrücken und dann Richter am Gerichtshof der Europäischen Menschenrechtkonvention); es folgten Kay Hailbronner (Universität Konstanz und noch heute überragender Spezialist des Ausländerrechts), Torsten Stein (Universität Saarbrücken und Direktor des Instituts für Europarecht), Rudolf Dolzer (Universitäten Mannheim und später Bonn), Matthias Herdegen (Universitäten Konstanz und später Bonn, Verfasser zahlreicher Lehrbücher), Juliane Kokott (Universitäten Düsseldorf, dann St. Gallen und derzeit deutsche Generalanwältin am Gerichtshof der Europäischen Gemeinschaft).

Ich habe diese knappe Chronik deshalb hier mitgeteilt, weil ich in diesen langen Jahren – leider – oft das Gefühl hatte, dass der Beruf des Hochschullehrers von manchen Kollegen nicht immer ernst genug genommen wurde. Immer mehr Professoren wurden von einer Art Sucht befallen, intensiver im Management von Institutionen tätig zu werden als in der Wissenschaft selbst, und viele ruhten nicht, bis es ihnen gelang, in vielerlei Kommissionen oder Präsidentschaften aktiv zu sein, was, soweit ich sehe, in krassen Fällen auch zur Vernachlässigung ihrer wissenschaftlichen Aufgaben in Forschung und Lehre führte. Das soll nicht heißen, dass ein Professor sich der Praxis zu enthalten habe. Aber er sollte doch nicht vergessen, dass die Praxis ohne profunde Kenntnis der Theorie »dumm« bleibt – wie Eberhard Schmidt, mein berühmter strafrechtlicher Kollege und Freund es einmal sagte. Ich möchte aber auch erwähnen, dass ich mit dieser Auffassung von der Pflicht des Hochschullehrers durchaus nicht allein stand, und viele hervorragende Kollegen dem gleichen Berufsethos folgten.

Von besonderem Interesse war für uns jüngere Hochschullehrer natürlich die Begegnung mit den älteren Kollegen, die schon im Dritten Reich gelehrt und geforscht hatten und in deren Gelehrtenleben der geistige und juristisch-moralische Umbruch von 1945 eine wesentliche Rolle spielen musste. Bernd Rüthers, Professor für Zivil- und Arbeitsrecht und besonders befasst auch mit Rechtsphilosophie und Rechtstheorie, hat diesen Wechsel in seinem Buch über die »Wendehälse« in markanter, sehr kritischer, aber immer gut vertretbarer Weise beschrieben. Ich möchte schildern, wie diese offenbare Metamorphose auf mich selbst wirkte.

Mein amerikanischer Kollege Detlev Vagts (Harvard) fragte mich einmal, wie es denn möglich sei, dass die gleichen deutschen Professoren, die heute das deutsche Staatsrecht lehrten, in der NS-Zeit die damalige Auffassung vom totalitären Staat vertreten hatten. Wie würden sie mit ihrem juristischen Seitenwechsel fertig? Die Erklärung hierfür kann nur gegeben werden, wenn man diese Gelehrten in Kategorien einteilt. Da ich sie alle kennengelernt habe, traue ich mir eine solche Einteilung zu.

Da gab es die juristischen Handwerker. Sie fragten nicht nach den rechtsphilosophischen oder moralischen Grundlagen des Staatsrechts oder nach Vorstellungen über die Gerechtigkeit, sondern ihre juristische Arbeit setzte erst nach der Prämisse über die gerade geltende Rechtsordnung ein. Nicht die Frage, ob Diktatur oder Demokratie herrschen solle, gehörte zu ihrem Metier, sondern nur die Frage, welche Konsequenzen aus der einmal etablierten Staatsform abzuleiten seien. Ihnen ging es nicht um die Frage, warum Recht gelten solle, sondern darum, was daraus folge, wenn ein bestimmtes Rechtssystem nun einmal »gelte«. So war es nicht überraschend, wenn Carl Schmitt oder Ernst Rudolf Huber nach dem Röhm-Putsch dessen Folgen rechtfertigten: Wenn nun einmal das Führerprinzip gelte, folge hieraus auch das Recht zu seiner völlig konsequenten Durchführung. Das war nicht nur ein Wertrelativismus im Sinne von Max Weber, sondern die Ausschaltung jeder Frage nach rechtlichen Werten. Aber auch Hans Kelsen hatte sowohl vor als auch nach seiner Verfolgung als Jude den Standpunkt vertreten, dass vor jeder juristischen Deduktion die Entscheidung über die Art der Rechtsordnung liege. Diese sei aber keine juristische, sondern eine politische oder ideelle. Aber auch bei den »Handwerkern« ist zu fragen, worauf ihr Handwerk sich denn bezieht, und das folgt aus ihrer persönlichen Interessenausrichtung. Für Carl Schmitt war es letztlich gleichgültig, welche Regierungsform herrsch-

Der Autor und seine Frau anlässlich der Verleihung des Bundesverdienstkreuzes 1986: Prof. Dr. Paul Kirchhof, Dr. Jürgen Schütz, Prof. Dr. Reinhard Mußgnug, Prof. Dr. Hartmut Schiedermair, Prof. Dr. Torsten Stein, Prof. Dr. Hans Schneider (v. l. n. r.)

te, denn ihn interessierte im Grunde nur das Problem der politischen Macht, die Frage also, wie Macht errungen und erhalten werde und wie sie verloren gehe.

Eine ähnliche Interessenlage scheint bei Erich Kaufmann in seinen jüngeren Jahren bestanden zu haben, wenn er 1911 schrieb, dass letztlich nur der siegreiche Krieg über die Inhaberschaft des Rechts entscheide. Aus dieser Sicht ist es gleichgültig, ob und gegebenenfalls wie Macht zu rechtfertigen ist. Auch spielt die geistige Eitelkeit bei diesen »Handwerkern« eine bedeutsame Rolle, denn sie wollen unter jedem Regime als dessen bester Interpret anerkannt sein. Ein politischer Machtwechsel stört sie eigentlich nicht, denn die

Methode ihrer Folgerichtigkeit stimmt immer. Von einem älteren Kollegen wird anekdotisch berichtet, er habe sich bei Vorhaltungen über seine juristisch-politische Vergangenheit empört dagegen verwahrt, als Opportunist bezeichnet zu werden. Das sei unerhört, denn er habe noch jeder Regierung treu gedient.

Andere identifizierten sich mit dem jeweils herrschenden Staatsideal deswegen, weil es Karriere versprach. Ein Wandel der Staatsauffassung kostete sie nichts, denn die Karrieresucht bleibt immer die gleiche. Oft dienten sie dem Regime in vorauseilendem Gehorsam, wie man es ja auch von manchen Konvertiten kennt.

Zu einer dritten Kategorie kann man die Schweigsamen zählen. Sie lehnten das NS-Regime ab, äußerten sich aber nicht dazu, weder in Anerkennung noch in Ablehnung, wohl in dem Bewusstsein, dass es zwecklos sei, gegen Unabänderlichkeiten zu kämpfen. Man sollte sie nicht zu der Gruppe der Arrangeure zählen, die man später als Mitläufer bezeichnet hat, denn nicht die Anpassung war ihr Merkmal, sondern die Zurückhaltung in dem Gefühl, jedenfalls vorläufig nichts ausrichten zu können. Hier könnte man etwa Wilhelm Grewe nennen, dessen Vergangenheit später erfolglos auf eine kompromittierende Nähe zum Regime untersucht worden ist.

Wie es Wissenschaftler gab, die zunächst skeptisch waren, sich den Machthabern dann aber doch aus Opportunitätsgründen oder in einer Art von Resignation anpassten, gab es umgekehrt auch solche, die sich von der Aufbruchsstimmung zunächst hatten mitreißen lassen, sich bald jedoch enttäuscht abwendeten, ernüchtert durch die Entwicklung des neuen Regimes. Hier ist wiederum Ernst Forsthoff zu nennen, der sich 1935 persönlich und politisch von Carl Schmitt trennte, als dieser auf die Konsequenzen des von ihm gerechtfertigten Unrechtregimes pochte, insbesondere in der Frage der Judenverfolgung.

Gering, wenn nicht gar verschwindend klein waren die »Helden« unter den Professoren, also solche, die sich unter persönlicher Gefahr zum aktiven Widerstand entschlossen. Das ist nicht überraschend, denn ohne jede Gruppenbildung, wie es sie etwa im Kreis der Offiziere, im Kreisauer Kreis und in der Roten Kapelle gab, war Widerstand undenkbar. Wie aber sollten sich Professoren damals organisieren? Es hätte dazu irgendwelcher Galionsfiguren bedurft, die eine Gefolgschaft um sich hätten scharen können. Doch die gab es damals eben nicht.

So kann auf die Frage, wie denn die gleichen Persönlichkeiten nach Kriegsende mit gleicher Überzeugungskraft nun das lehren konnten, was sie vorher abgelehnt hatten, nur eine sehr differenzierte Antwort gegeben werden. Allgemein aber geschah nichts anderes als das, was man nach der Wiedervereinigung bei manchem Wissenschaftler der DDR oder der UdSSR beobachten konnte.

Bemerkenswert war aber auch die Tatsache, dass viele Professoren, denen eine geistige Verbindung zum NS-Regime angelastet wurde, nach Inkrafttreten der neuen

Verfassung von 1949 exzellente wissenschaftliche Werke verfassten, die durchaus rechtsstaatliches Ethos erkennen ließen. Ob das im Gefühl der Pflicht zur geistigen Wiedergutmachung geschah oder aus neu gewonnener Überzeugung, bleibt ein Geheimnis. Jedenfalls schrieb Ernst Rudolf Huber ein Werk über die deutsche Verfassungsgeschichte, das eindrucksvoller kaum sein konnte. Ernst Forsthoff »Verwaltungsrecht« erschien in zehn Auflagen und stellt bis heute einen Höhepunkt dieser Disziplin dar. Georg Dahm und Friedrich Berber schrieben jeweils drei Bände »Völkerrecht«, Herbert Krüger legte ein umfassendes Werk über die »Allgemeine Staatslehre« vor und Theodor Maunz bearbeitete das neu entstandene Grundgesetz, sowohl als Kommentar wie auch als Lehrbuch. Ulrich Scheuner schrieb zwar keine große Monografie, aber zahlreiche Aufsätze ganz im Geist rechtsstaatlichen Denkens. Die jüngeren Nachkriegsprofessoren wie etwa Günther Dürig, Klaus Stern, Peter Lerche, Konrad Hesse, Peter Badura und auch ich selbst konnten an diese Werke anknüpfen – sowohl an das, was in der Weimarer Republik entstanden war, als auch an die ersten Arbeiten nach 1945.

Ein Außenseiter blieb eigentlich nur Carl Schmitt, der nicht mehr in die Vereinigung der Deutschen Staatsrechtslehrer aufgenommen wurde und weiterhin eher die Analyse der Macht als deren Rechtfertigung zum Gegenstand seiner späteren Publikationen machte und der sich fast stärker als früher zu einem Wertrelativismus bekannte (»Tyrannei der Werte«) und wie ein über allen Doktrinen schwebender Geist die Realität der Macht beschrieb (»Der Nomos der Erde«). Er blieb letztlich in einem auf dieser Grundlage beharrenden Hochmut befangen. Stimmte man ihm zu, wie ich es einmal aus guten Gründen tat, war er bereit zu diskutieren; kritisierte man ihn aber, wie ich es ein anderes Mal für angebracht hielt, brach er den Kontakt ab. In einem seiner letzten Fernsehinterviews erklärte er, der Neomarxismus der Achtundsechziger sei ein interessantes Phänomen, das es zu beachten gelte. Das war folgerichtig, denn es gehörte zu Schmitts egozentrischer Eigenart, sich bei jeder neuen »Bewegung« die Frage zu stellen, ob er sich nicht alsbald zu ihrem Chefinterpreten aufschwingen solle.

Eines darf man nicht übersehen: Alle diese zum Teil »schwankenden Gestalten« einer Rechtswissenschaft im Umbruch, die ich kennenlernte, hatten ein persönliches Profil, das sich viele jüngere Kollegen nur mit Mühe oder auch gar nicht aneignen konnten. Wer weiß, wie sich mancher heute amtierende Professor damals verhalten hätte oder wie er sich heute unter politischem Druck verhalten würde. Das leitet über zu einer Betrachtung der Jahre nach 1968 und ihrer Folgen.

XIV

Die Studentenunruhen von 1968

Die Turbulenzen an den deutschen Universitäten haben eine bis heute fortwirkende Destruktion nicht nur der Hochschulen, sondern der gesamten politischen und gesellschaftlichen Ordnung unseres Staates bewirkt, denn die »Nachkommen« dieser utopistischen Schwarmgeister besetzten anschließend Teile der für die Öffentlichkeit wesentlichen Positionen wie Lehrerschaft, Gerichtsbarkeit, Beamtenschaft allgemein und Politik. Kanzler und Minister gehörten zeitweilig zu diesen Nachkommen, ebenso wie die für die kulturelle Entwicklung wesentlichen Repräsentanten der Gesellschaft.

Es waren drei Akteure, die an dieser tragischen Komödie beteiligt waren: die Studentenschaft, die Professorenschaft und die »politische Klasse« in Gestalt des Gesetzgebers und der Regierungen. Von einer »Studentenbewegung« in einem spirituellen und konstruktiven Sinne konnte keine Rede sein. Die »Aufständischen« waren kleine Gruppen von Aktivisten, während die Masse der Studenten Zuschauer waren, teils in dumpfem Amüsement die Events genießend, teils ärgerlich und angewidert oder völlig unbeteiligt. Die Wahlen zum Allgemeinen Studentenausschuss zeigten selbst in den turbulentesten Zeiten kaum mehr als eine Beteiligung von 15 Prozent, was zeigt, dass von einem allgemeinen Bedürfnis nach Erneuerungen keine Rede sein konnte. Was nun eigentlich die Motive der Aktivisten waren, ist schwer zu entdecken. Es war wohl eine Mischung von geistiger Mode, quasi kindlichem Aufbegehren, Übersättigung der Wohlfahrtsgesellschaft, konturlosem Liberalismus und Traditionsverdrossenheit. Der Anlass kam von Westen, aus Berkeley und Paris. Als dieser trotzige Aufbruch dann gegen Ende der siebziger Jahre an sein trauriges Ende gelangte, fragte man nach den Beweggründen der Unruhestifter und sprach von der Bekämpfung von Herrschaftsmonopolen in Staat und Gesellschaft, vom Aufstand gegen die Väter, die im Widerstand gegen den Totalitarismus versagt hatten, von der Notwendigkeit, alles zu »hinterfragen«, vom Abbau von Tabus, von der Gebotenheit, Transparenz und Öffentlichkeit herzustellen, von der Selbstverwirklichung des Individuums und vor allem von der Bekämpfung aller »repressiven« Autoritäten, sei es der Elternschaft, der Schule, der Hochschule oder politischer Kompetenzinhaber. Hinzu kam ein Antiamerikanismus, der den Vietnamkrieg zum Anlass nahm und fernöstliche Politikideale in einer Mischung aus Maoismus und Marxismus verklärte. Aber es gab auch junge »Idealisten«, die meinten, die Welt verbessern zu können.

Die so angegriffenen »Autoritäten« saßen beim Ausbruch der Revolte, die mit dem Tod Benno Ohnesorgs einsetzte, wie die Kaninchen vor der Schlange – oder auch wie Zauberlehrlinge, die die Geister, die sie gerufen hatten, nicht mehr bändigen konnten. Denn es darf nicht vergessen werden, dass Gesellschaft und politische Klasse sich selbst schon infrage gestellt hatten und ihren Autoritätsverlust fast schamhaft hinnahmen. Gleichwohl wusste niemand, was konkret gefordert wurde, und diese Hilflosigkeit setzte sich vor allem nach unten durch, nicht etwa umgekehrt. So hatte Willy Brandt proklamiert, man müsse mehr »Demokratie wagen«, und alsbald wurde Mitspracherecht auf allen Ebenen gefordert, bis hin in die gesellschaftlichen Institutionen. Man verlangte Durchlässigkeit aller Entscheidungen, proklamierte Diskursnotwendigkeit und Öffentlichkeit im Sinne von Jürgen Habermas und forderte Vergangenheitsbewältigung bis zur »Entlarvung« aller früheren Herrschaftsinhaber. Der Wunsch der Aktivisten gipfelte in der Forderung nach Abbau aller Autoritäten und der Etablierung der eigenen. Wie geradezu lächerlich unklar die Vorstellungen der revoltierenden Studenten sich darstellte, erlebte ich, als ich eine Sondervorlesung über den »Politischen Kampf im Rechtsstaat« ankündigte, um diesen »Aufbruch« wieder in legale Gleise zurückzuführen. Ich wollte zeigen, wie man im Rahmen des geltenden Verfassungsrechts auf legalem Wege, und nur auf diesem, durchaus auch harte politische Ziele anstreben könne. Zu diesem Zweck las ich eine Passage aus einem Buch vor, in der der Parlamentarismus kritisiert wurde. Auf meine Frage, wer das wohl geschrieben haben könne, tönte es mir aus dem Auditorium entgegen: »Das war Rudi

Dutschke.« Nein, antwortete ich, das stehe in Hitlers »Mein Kampf«. Die Vorlesung musste, wie viele andere, abgebrochen werden, weil eine sachliche Diskussion unmöglich war.

Die Forderungen der »Revolutionäre« waren etwa die folgenden: Ein allgemeines politisches Mandat der Studentenschaft wurde verlangt, also das Recht, nicht nur hochschulpolitische Fragen mit Bindungswirkung für die Studentenschaft zu entscheiden, sondern auch politische Kontroversen, die das ganze Staatswesen betreffen. Dass in einer Zwangskörperschaft ein derartiges Mandat rechtswidrig war, sahen die Studentenvertreter nicht ein. Für die Neuorganisation der Universität wurde gefordert: Öffentlichkeit der Tagung aller Gremien, auch der Fakultätssitzungen, Viertelparität der Zusammensetzung aller Gremien, Mitspracherecht und Mitentscheidungsrecht bei Berufungen, Mitentscheidung über Lehrinhalte, Gegenstand und Methode der Forschung, Mitspracherecht und Beteiligungen am Direktorium aller Institute der Universität. Diese und andere Forderungen wurden in Vollversammlungen, Demonstrationen und Denkschriften und unter Androhung von Vorlesungsstörungen erhoben.

Die Landesregierungen und die Landesgesetzgeber waren verschreckt. Man versuchte Kompromisse zu schließen und erließ neue Hochschulgesetze, die ihrerseits die Universitätsangehörigen beauftragten, Grundordnungen auszuarbeiten. In der Hoffnung, die universitäre Ruhe wiederherstellen zu können, unterstützten einige Professoren die Regierung und berieten den amtierenden Kultusminister Wilhelm Hahn, einen Professor der Theologie. Die Grundordnungsversammlungen, paritätisch von allen Gruppen gebildet, tagten in fast kindlich-revolutionärer Attitüde – mit Rede und Gegenrede, mit Abbruchdrohungen bei Ablehnung von Reformwünschen und auch mit Niederlegung von Mandaten. Die Ergebnisse der Gesetzgebung und der Grundordnungsversammlung zeigten, wie ängstlich alle Teile der Gremien auf den terrorähnlichen Druck der revoltierenden Aktivisten reagierten. Vielen Forderungen wurde nachgegeben. Einen Kollegen, der als Vertreter der Professorenschaft an der Grundordnungsversammlung teilgenommen hatte, fragte ich, wie er denn diesen offenbaren Unsinn habe unterstützen können. Seine Antwort machte mich sprachlos. Er sagte, er wolle doch seine Professur nicht verlieren.

Die Verhältnisse nach Erlass dieser neuen Landesgesetzgebung wurden unerträglich, so etwa – um ein Beispiel zu nennen – wenn in öffentlicher Fakultätssitzung die roten Kadergruppen das Sitzungszimmer füllten und die Beratung der zum Teil verängstigten Professoren unterbrachen, wann immer sie wollten. Solche Situationen erinnerten mich an den Druck der studentischen SA nach 1933. Weil ich das neue Hochschulgesetz für verfassungswidrig hielt, da es die Freiheit von Forschung und Lehre zerstöre, erhob ich als erster und zunächst einziger Professor der Bundesrepublik eine Verfassungsbeschwerde, obwohl mir viele Kollegen davon abrieten, da es vielleicht verständlich, aber aussichtslos und gegen den Zeitgeist sei. Später folgten dann auch Hochschullehrer anderer Länder meinem Beispiel und erhoben Verfassungsbeschwerden. Das Bundesverfassungsgericht gab uns in den wesentlichen Fragen recht, und die Hochschulgesetze mussten revidiert werden.

Das alles hatte zur Folge, dass insbesondere an den Universitäten in Heidelberg, Berlin und Frankfurt Zustände eintraten, die an Bürgerkrieg erinnerten. Bei einem Besuch amerikanischer Politiker in Heidelberg mussten Wasserwerfer eingesetzt werden, was zunächst nur deswegen genehmigt wurde, weil die gewaltsamen Demonstrationen von Steinewerfern auch außerhalb des Universitätsbereichs stattfanden. Oftmals hielt ich mit einem Kollegen und einigen Assistenten und Studenten Nachtwache im Juristischen Seminar, weil Besetzung drohte. Vorlesungen wurden durch Go-in-Trupps »gesprengt«, Professoren mit Eiern beworfen, Institute, Dekanate und auch das Rektorat »besetzt«, manchmal mit Kinderwagen und Hunden. Auf einer Sitzung des engeren Senats wurden wir von Eindringlingen mit Kaffeetassen beworfen. Der durch paritätische Wahl des Großen Senats in das Amt berufene Rektor Rolf Rendtorff, Professor der Theologie, der vordem als konservativ galt, sich dann aber dem terroristischen Druck anschloss, lehnte es ab, Polizeischutz in der Universität zuzulassen und berief sich auf sein Hausrecht – mit dem Ergebnis, dass eine ordentliche Lehre unmöglich wurde. Die Juristische Fakultät musste die Vorlesungen zeitweilig einstellen, denn sie waren unter Gebrüll und Zwischenrufen schlechthin nicht mehr durchführbar. Ich selbst hatte zu meinem Glück mehrfach eine Art Bodyguard als Schutz, nämlich Studenten, die ihre Universität vor Chaos bewahren wollten und den allerdings an Zahl überlegenen roten Kadern entgegentraten. Meist waren es junge Männer, die Wehrdienst in der Bundeswehr abgeleistet und dort offenbar ein Gefühl für Verantwortung erlernt hatten.

Der Rektor wurde von einer kleinen Gruppe von Professoren unterstützt, die verkündeten, dass »begrenzte Regelverletzungen« hinzunehmen seien. Als mit Plakaten angekündigt wurde, dass ein Kollege und auch ich selbst an Vorlesungen gehindert werden würden, ersuchte ich Rektor und Prorektor um Polizeischutz für den nächsten Morgen. Als wir die Universität erreichten, wurde der Eingang von etwa 60 bis 80 »Revolutionären« gesperrt, die lautstark verkündeten, wir würden die Universität nicht betreten können. Mein Kollege, Hans Schneider wurde mit Buttersäure besprüht und musste in die Ambulanz der Klink gefahren werden. Polizeischutz war vom Rektor nicht bestellt worden; dafür saß der Prorektor in der Pförtnerloge und beobachtete das Geschehen. Der Anführer der Boykottgruppe, der Student Volker Neumann, war einer der Wortführer der sogenannten Roten Zellen. Später habilitierte er sich in Frankfurt bei dem Kollegen Michael Stolleis für das Fach »Öffentliches Recht«. Als er dann in die Vereinigung der Deutschen Staatsrechtslehrer aufgenommen werden sollte, protestierte ich gemeinsam mit anderen Kollegen, denn wir konnten uns nicht vorstellen, mit jemandem zusammenzuarbeiten, der uns aus der Universität ausgesperrt hatte. Neumann wurde trotzdem aufgenommen, aber ich habe ihn auf späteren Tagungen der Vereinigung nicht wieder getroffen.

Wir gründeten dann in Bonn den »Bund Freiheit der Wissenschaft«, dessen Sektion in Heidelberg ich als Vorsitzender übernahm. Wir hatten annähernd 200 Mitglieder, Professoren, Assistenten, Studenten und auch Heidelberger Bürger, die sich zum gemeinsamen Ziel setzten, wieder rechtsstaatliche Zustände an der Universität herzustellen. Wie zu erwarten gewesen war, wurden wir starken Repressionen ausgesetzt. So wurde eines Nachts hinter dem Haus, das ich zusammen mit Professor Walter v. Baeyer bewohnte, eine Rohrbombe gezündet, die von der Feuerwehr gelöscht werden musste. Einigen Kollegen erging es ebenso. Bei Verhaftungen von Bombenherstellern fand man eine Skizze, wie man am ehesten an meine Wohnung gelangen konnte. Endlich konnten wir Minister Hahn dazu überreden, dass diesen Anschlägen und Gefahren nur mit Polizeigewalt begegnet werden könne. Und schließlich legte der Rektor sein Amt nieder, als wir im Senat nachweisen konnten, dass er vom Sprengstoffbesitz der Revolutionäre gewusst und dennoch versucht hatte, das sogenannte Patientenkollektiv, eine Gruppe von Randalierern, von denen einige später in der RAF (Rote Armee Fraktion) auftauchten, zu einer ständigen Universitätseinrichtung zu machen. Zu diesem Zweck hatte er ein Gutachten von Professor Horst-Eberhard Richter vorgelegt, das ihn veranlasst habe, diesem Kollektiv einen Universitätsstatus zuzusagen.

Der nachfolgende Rektor, Professor Hubert Niederländer, wurde unter Polizeischutz im Rathaus gewählt, denn in der Universität herrschte immer noch Chaos. Niederländer sorgte dann – mit einer nun belehrten Landesregierung – für Ordnung, was möglich wurde, weil die Hochschulgesetze revidiert wurden. Etwa um 1975/76 traten dann wieder einigermaßen normale Zustände ein. Die wildesten Revolutionäre waren in die RAF abgewandert, deren verbrecherische Aktivitäten, wie der Mord an Schleyer, bekannt sind, und die »Idealisten« erkannten zum Teil, dass ihre »Weltverbesserung« eine Utopie bedeutete.

Einiges ist noch zu sagen über die Haltung der Professoren in dieser Zeit. Da ich 16 Jahre lang ununterbrochen Mitglied des engeren Senats war, traue ich mir ein Urteil zu. So provozierend es auch klingen mag, so existierten damals doch wieder ähnliche Verhaltensmuster, wie sie sich auch in der NS-Zeit gebildet hatten. Weitgehend herrschte Ängstlichkeit, gepaart mit der frommen Lüge, man müsse den studentischen Reformbestrebungen doch Rechnung tragen und sich dem neuen Weg verständnisvoll öffnen. Es gab Kollegen, die peinlich vermieden, dass Störungen in der Vorlesung bekannt wurden. Andere traten nicht mehr wie vordem mit Krawatte und Jackett auf, sondern erschienen im Pullover in den Vorlesungen. Ein Kollege, der bis dahin als unnahbar galt, verkündete in der nun öffentlichen Fakultätssitzung, dass er sich die Fähigkeit zum Zuhören bewahrt habe, und ließ sich mit einer früher ungewohnten Geduld auf Diskussionen über die krausesten

Reformvorschläge ein, befasste sich mit subtilen Ausarbeitungen, wie man Studenten am Direktorium und an der Verwaltung des Juristischen Seminars beteiligen könne, und verkündete, dass er wissenschaftliche Arbeiten zurückstellen werde, bis alles »ausdiskutiert« sei. Ein strafrechtlicher Kollege heftete die Aufforderung ans Schwarze Brett, man solle an seinem Seminar teilnehmen: Er selbst werde die Leitung der Seminarsitzung jeweils an einen Studenten übergeben und sich persönlich in die Zuhörer einreihen. Als Dekan wies ich ihn darauf hin, dass das eine grobe Dienstpflichtverletzung sei, denn er habe sein Fach in Forschung und Lehre selbst zu vertreten. Ich beschwor meine Kollegen, ihr wissenschaftliches Niveau nicht abzusenken, wie auch immer die Lage sich entwickeln würde. Man solle der Professorenschaft nicht vorwerfen können, dass ihr wissenschaftlicher Standard unzureichend sei. Diese Ermahnung war geboten, denn vielfach wurde von den revoltierenden Studenten behauptet, dieser oder jener Professor sei »dümmlich« oder »oberflächlich« und habe geistig nichts zu bieten. Ich selbst habe in dieser Zeit die erste Auflage meines Lehrbuches über das deutsche Verfassungsrecht ausgearbeitet, auch um zu demonstrieren, dass man sich in der wissenschaftlichen Arbeit nicht beirren lassen dürfe.

Das Dilemma dieser Zeit wäre kaum zu überwinden gewesen, wenn es nicht auch eine Reihe von sehr standhaften Kollegen gegeben hätte, die sich langsam sammelten und mutig versuchten, in der Universität rechtsstaatliche Zustände wiederherzustellen und sie erneut ihrer eigentlichen Aufgabe zuzuführen. Es waren vor allem Juristen und Mediziner, die sich den Angriffen entgegenstellten, während insbesondere jüngere Theologen, zum Teil auch Soziologen, Germanisten und Historiker, permissive Verständigungen mit den Chaoten versuchten. Zahlreiche Gerichtsverfahren wegen Nötigung und Hausfriedensbruch wurden eingeleitet, wobei die Heidelberger Justiz sich hervorragend bewährte, was nicht immer einfach war, denn die Gerichtssäle waren angefüllt mit randalierenden Zuhörern. Ich selbst bin mehrfach als Zeuge aufgetreten, was dann in Transparenten und Publikationen höhnisch kommentiert wurde. So hieß es wörtlich: »In seiner schnodderigen Art log Doehring wieder, dass sich die Balken bogen.« Die Kriminalpolizei beriet mich und andere, wie wir uns schützen könnten.

Während der Dienstzeit des Rektors Rolf Rendtorff hatte ich begonnen, Dienstaufsichtbeschwerden an das Ministerium zu richten, wenn ich rechtlich fassbare Unregelmäßigkeiten feststellte. Davon wurde keine einzige als unsachlich abgetan. Dennoch erklärte Rendtorff schon bei der ersten Beschwerde im Senat, so etwas habe es nach seiner Aktendurchsicht in mehr als 500 Jahren an der Universität nicht gegeben. Ich erwiderte ihm, dass die Universität wohl deshalb bisher ihre Würde bewahrt habe.

Gegen Ende der siebziger Jahre legte sich der Spuk, nicht nur an den Universitäten, sondern auch auf gesellschaftlichem Gebiet, auf das diese Revolte Einfluss genommen hatte (Kinderläden, Wohngemeinschaften,

Hausbesetzungen und anderes mehr). Übrig blieben noch Aktivitäten der RAF, bis auch sie zusammenbrachen, nachdem sie fürchterliche Opfer gefordert hatten. Die Wiederherstellung geordneter Verhältnisse an der Universität Heidelberg war vor allem den Nachfolgern des gescheiterten Rektors Rendtorff zu verdanken, den Professoren Hubert Niederländer, Adolf Laufs und Gisbert Freiherrn zu Putlitz. Auch traditionelle Bereiche konnten wieder in Würde entstehen. Nachdem unter dem Rektorat von Rendtorff das Tragen von Talaren abgeschafft worden war, sind sie heute wieder hoffähig.

Aber was waren nun die Auswirkungen dieser Episode? Es ist immer wieder erstaunlich, was alles per definitionem aus dem Verhalten der Achtundsechziger deduziert wurde, sei es aus soziologischer Sicht dritter Betrachter, sei es aus der Perspektive mancher intellektueller Kreise. Vielfach wurden auch Spekulationen von Personen angestellt, die an den konkreten Vorfällen gar nicht beteiligt waren. Jeder Versuch, die Gedankenwelt der Akteure zu ordnen, muss aber scheitern, weil sie per se schlechthin unkoordinierbar waren, denn es mischte sich unauflöslich Gesellschaftskritik mit neomarxistischen Vorstellungen, mit Generationenspannungen, mit dem Gefühl, an Verantwortung teilnehmen zu wollen, und dem gleichzeitigen Verlangen nach Autorität. Ein Pathos aber war unverkennbar und hatte Folgen, die bis heute fortbestehen. Es war die Parole von der »Selbstverwirklichung« des Einzelnen. Ihre Ursprünge lagen schon vor der Revolte, und ihre

Folgen überdauerten sie. Geboren war diese Sicht aus einer schleichenden Destruktion der Gesellschaft, der Gemeinschaftswerte verloren gingen. Das übersteigerte Kollektivdenken des Totalitarismus schlug, nach komplettem Wegfall jedes »völkischen« Gemeinschaftsbewusstseins, in extremen Individualismus um. Das Vaterland bedeutete nichts mehr, Familien zerbrachen, die Kirchen hatten sich zum Teil, wie die »deutschen Christen«, selbst desavouiert oder liefen der »Moderne« nach, wertfreier Materialismus wurde entdeckt, Kunst und Ästhetik wurden konturlos und Verantwortung für Gemeinschaftswesen jeglicher Art verkümmerte. Was blieb dann anderes als »Selbstverwirklichung«? Zur Restitution war die Gesellschaft zu schwach und auch manche Älteren liefen – zunächst – der rebellischen Jugend nicht nur nach, sondern ermunterten sie durch Selbstbeschimpfung. Gewalt gegen Sachen wurde als Kavaliersdelikt hingenommen, Gewalt gegen Personen wurde entschuldigt, sofern sich die Steinewerfer nicht als Verbrecher, sondern als Idealisten darstellten. Diese Selbstverwirklichung dauert bis heute fort. Sie liegt zum einen in einem fast zum Fetisch gewordenen Individualismus, aber auch in einer Gruppenbildung von Interessenvertretern ohne Verantwortung für Allgemeinbelange. Die ständig wachsende Zahl der Ehescheidungen ist evident. Ehepartner wollen eines Tages sich selbst verwirklichen, wobei der andere hinderlich sein könnte. Die Korruption nahm und nimmt zu, denn ihre Bremse, das Gefühl der Verantwortung für die Gemeinschaft, zieht nicht mehr. Wenn vor der Studentenrevolte noch diskutiert wurde, ob denn im öffentlichen Dienst, der der Gemeinschaft zu dienen hat, ein Streikrecht bestehen könne, wird das heute als selbstverständlich angenommen, denn es verwirklicht die Interessen einer Gruppe. Tradition passt nicht mehr in dieses Bild, denn sie könnte ja die Selbstverwirklichung hemmen. Obszönitäten in der darstellenden Kunst sind Selbstverwirklichung der Künstler, im Theater etwa der Regisseure, die nicht mehr primär etwas mitteilen wollen, sondern sich selbst produzieren möchten. Das sind, um nur einiges zu nennen, die fortwirkenden Früchte der Achtundsechziger.

Ein eindrucksvolles Beispiel bildet hier auch die Auffassung von einer allgemeinen Wehrpflicht. Man mag sich darüber streiten, ob sie zweckmäßig, angemessen oder unnötig ist, signifikativ im behandelten Zusammenhang ist die massenweise geforderte Befreiung von ihr. Jedenfalls war sie bisher ein Ausdruck auch der Verantwortung für das Gemeinwesen. Wenn ich in einer juristischen Prüfung fragte, wie denn die Wehrpflicht entstanden sei, wurde sofort erwidert, das seien sicherlich die Preußen gewesen. Wenn ich dann darauf hinwies, dass diese Pflicht in der Französischen Revolution und also in der ersten Republik Europas entstanden sei, war der Prüfling konsterniert. Die moderne, völlig konturlose Berufung auf Demokratie gehört ebenso in dieses Bild. Sie wurde plakativ jeder Gruppenbildung verordnet. So wie die NS-Ideologie das Führerprinzip bis in die Aktiengesellschaft transportierte, wollte man Demokratie in der pluralistischen Gesellschaft zum Allheilmittel machen und der »Vorsitzende« wurde zum »Sprecher«. Das war und ist folgerichtig, denn die Demokratie ist ein Zählsystem, das die Mehrheit erweist, und der Selbstverwirklicher sieht die Chance, in dieses Zählwerk seine Individualität »einzubringen«. Doch die volonté générale findet ihre Verwirklichung in der Republik, denn dieses System bedeutet nicht nur das Recht, das Gemeinwohl anzustreben, sondern auch die Pflicht, das Individualinteresse dann zurückzustellen, wenn anders das Gemeinwohl nicht mehr geschützt werden kann. Von dieser Erkenntnis sind wir weiter entfernt denn je, und das auch ist die Fortwirkung der Achtundsechziger. Sie hat Europa allerdings stärker erfasst als etwa die USA und erzeugt die Utopie, dass alle Wertvorstellungen in einem Staatswesen gleichen Rang beanspruchen können.

XV

Die Arbeit in der
Max-Planck-Gesellschaft

Dem Max-Planck-Institut für ausländisches öffentliches Recht und Völkerrecht gehöre ich, nun als Emeritus, mehr als fünfzig Jahre an, zuerst als Assistent, dann als wissenschaftlicher Referent, als Wissenschaftliches Mitglied und als einer der Direktoren. Die Kombination meiner Arbeit als Ordinarius an der Universität und gleichzeitig in der Max-Planck-Gesellschaft war schlechthin ideal, denn besser konnten Forschung und Lehre sich nicht ergänzen. Die Resultate der Arbeit in der Max-Planck-Gesellschaft waren in dieser langen Zeit hervorragend, und ich möchte sie trotz aller noch darzulegenden Kritik uneingeschränkt positiv beurteilen.

In der Kaiser-Wilhelm-Gesellschaft, der Vorgängerin der Max-Planck-Gesellschaft, galt das sogenannte Harnack-Prinzip, wonach einem hervorragenden Wissenschaftler ein Institut zur Verfügung gestellt wurde, und zwar in einer Art Vertrauensvorschuss, der selten enttäuscht wurde. Das galt auch für die Gründung des Instituts für Völkerrecht. In der Max-Planck-Gesellschaft wandelte sich diese Praxis später, aber nicht in

der Qualität, sondern bei der Frage der Gründung neuer Institute. Es ging nunmehr darum, Forschungsstät-
ten dann zu errichten, wenn es sich um bestimmte
Forschungsziele handelte, die ein Universitätsinstitut
schon vom Umfang her nicht erfüllen konnte. Das traf
für das internationale Recht in vollem Unfang zu, ebenso wie für die Rechtsvergleichung im öffentlichen
Recht. Nicht nur die entsprechende Bibliotheksausstattung war in der Universität nicht erreichbar, sondern es wäre auch unmöglich gewesen, dort eine größere Arbeitsgruppe im Team einzusetzen. Man denke nur
daran, dass die Vereinten Nationen heute etwa 190
Staaten umfassen, ein Mehrfaches der Staatenwelt vor
dem Ersten Weltkrieg, und dass es die Integration Europas notwendig gemacht hatte, neue Bewertungen des
Ausmaßes der staatlichen Souveränität zu prüfen.

Verglichen mit dem Hochschulsystem war die Max-
Planck-Gesellschaft immer hierarchisch gegliedert.
Auch wenn die Forschungsfreiheit der Institute durch-
aus bestand, gab es doch eine Forschungsplanung des
Präsidenten und des Senats schon allein durch Insti-
tutsgründungen, Mittelzuweisungen und auch Beru-
fungen. Das war und ist so lange gerechtfertigt, wie
Präsident und Senat über die Fähigkeit verfügen, die
Bedeutung von Forschungsvorhaben objektiv zu wer-
ten. Auch das war wohl im Wesentlichen garantiert.
Natürlich hing der Erfolg der Gesellschaft entscheidend von dem Direktorium des einzelnen Instituts ab.
Umso bedeutsamer war das System der Berufungen,
von dem nun zu berichten ist.

Die Studentenunruhen der Jahre nach 1968 gingen auch an der Max-Planck-Gesellschaft nicht spurlos vorüber, denn es gab nun Bestrebungen, den sogenannten Mittelbau, also die Assistenten, an der Gestaltung der Forschungsvorhaben und ihrer Durchführung zu beteiligen. Das geschah dann auch, indem man ihre Vertreter in die Sektionen, vergleichbar mit Fakultäten, einbezog. In den Instituten der Geisteswissenschaftlichen Sektion hatte die Beteiligung des Mittelbaus kaum Auswirkungen, und zwar schon deshalb, weil die personelle Zusammensetzung ständig wechselte, etwa durch den Weggang jüngerer Mitarbeiter in das Berufsleben. Kontinuität war nur durch die Wissenschaftlichen Mitglieder und Direktoren gesichert und durch Spezialisten, auf die die Forschung sachlich angewiesen war. Es wurde offenbar auch als notwendig empfunden, dass eine gewisse Kontrolle der Effizienz der Institute stattfinden müsse, schon allein wegen des Einsatzes der finanziellen Mittel. Das sollte durch Kuratorien und Fachbeiräte geschehen, die, zusammengesetzt von Außenstehenden, regelmäßig tagten und Berichte erstatteten. Manche Anregung mag so erfolgt sein, aber letztlich wurde nur die Arbeit der Institutsleitung abgesegnet, sodass auch hier die Berufungen, zum Beispiel bei einem Direktorenwechsel, entscheidend waren. Dass ein Direktor abberufen wurde, was bei Ineffektivität nach der Satzung zulässig gewesen wäre, habe ich nicht erlebt. Ich erinnere mich noch an eine Sitzung der Hauptversammlung in den siebziger Jahren, auf der Präsident Adolf Butenandt nach langen

Beratungen eine Satzungsänderung im Sinne einer gewissen »Demokratisierung« der Gesellschaft vorschlug, unter anderem die stärkere Beteiligung des Mittelbaus, mit der dem Zeitgeist entsprochen werden sollte und die von reformfreudigen Mitgliedern energisch vorgeschlagen wurde, unter anderem von Carl-Friedrich v. Weizsäcker. Butenandt hatte die Erfolge der Gesellschaft zuvor mit Recht als hervorragend geschildert, weshalb ich die Frage stellte, warum dann eine Satzungsänderung überhaupt notwendig sei. Eine Antwort habe ich nicht erhalten, wenn man eine solche nicht dem etwas betretenen Schweigen entnehmen wollte. So wirkte der Zeitgeist.

Es schien also immer alles seinen ordentlichen Fortgang zu nehmen. Doch gab es auch Situationen und Regelungen, bei denen ich noch stärkere Bedenken hinsichtlich der Konstruktion der Gesellschaft empfand. So hatte sie trotz Satzungsänderungen immer noch eine recht hierarchische Gestaltung des Managements, sodass der »Zugang zum Machthaber« – wie Carl Schmitt es einst für den politischen Raum der Staatsgestaltung genannt hatte – den Einfluss der wissenschaftlichen Akteure verstärken konnte: Wer gute Beziehungen zu Präsident und Senat herzustellen wusste, konnte angestrebte Ziele leichter durchsetzen. Auch waren das meist die gleichen Personen, die über diese Fähigkeit verfügten. Ob daher, vor allem bei Neugründungen von Instituten und Berufungen, immer objektive Kriterien maßgebend waren, schien mir nicht ganz gesichert, und zwar auch deshalb, weil das im Grund aufgegebene und schon erwähnte Harnack-Prinzip durchschimmerte, das heißt die Personalbezogenheit die Sachbezogenheit beeinflusste.

Dafür seien Beispiele genannt. Die Gründung des Instituts für Bildungsforschung mit Helmut Becker als erstem Direktor schien gerechtfertigt und ist es sachlich wohl auch heute noch. Doch habe ich 1968 und später immer darauf gewartet, dass von ihm Impulse ausgehen würden, diese Krise zu meistern. Davon ließ sich aber nichts bemerken. Die Gründung eines Instituts zur Erforschung der Lebensbedingungen der wissenschaftlich-technischen Welt war, durchaus evident, auf die Person von Carl Friedrich v. Weizsäckers zugeschnitten, der sich dann als Mitdirektor Jürgen Habermas erbat. Auf der Sitzung der Sektion, auf der diese Gründung beschlossen wurde, äußerte ich Bedenken, dass der Forschungsgegenstand nicht ausreichend definiert worden sei. Weizsäcker benannte dann recht vage die Themen »Welternährung« und »Abrüstung«, da es damals ja auch um den Streit über Atomwaffen ging. Das Institut legte dann später einige meist nicht koordinierte Arbeiten vor, auch von Weizsäcker selbst, die er meiner Ansicht nach aber auch ohne Einsatz großer finanzieller Mittel und ohne Institut hätte schreiben können. Nach relativ kurzer Zeit wurde das Institut wieder geschlossen, und auch Habermas kehrte nach Frankfurt zurück. Diese Gründung war wohl doch nicht ausreichend durchdacht worden.

Besonders starke Bedenken hatte ich immer gegen die Methode der Berufung von Direktoren, die sich fundamental von Lehrstuhlberufungen an der Universität unterschied. Die Berufung erfolgt durch den Senat, dessen Mitglieder nur zum Teil der akademischen Welt, zum andern auch der Politik, der Wirtschaft und dem Kreis gesellschaftlich bekannter Personen angehören. Sie werden von der Hauptversammlung gewählt. Da in diesem Gremium selbstverständlich spezifischer Sachverstand für eine spezifische Berufung nur äußerst knapp vertreten ist, findet eine Vorauswahl und Empfehlung durch die Sektion statt, die mit etwa vierzig Mitgliedern einer Fakultät vergleichbar ist. Der Sektionsvorsitzende, eine Art Dekan, stellt eine Berufungskommission zusammen, beraten durch einen im Amt verbleibenden Institutsdirektor, der einen neuen Partner erhalten soll. Die Sektion stimmt dann ab, nahezu regelmäßig positiv. Die Kommission berät über die Kandidaten und holt auswärtige Gutachten über den von ihr als geeignet beurteilten Wissenschaftler ein. Danach erfolgt der Vorschlag der Kommission, über den die Sektion abzustimmen hat. Die Namen der Gutachter werden der Sektion nicht bekannt gegeben und auch der Inhalt der Gutachten ist ihr nicht zugänglich. Nur die Kommission kennt ihn im Einzelnen. Nun stimmt die Sektion über den Vorschlag der Kommission ab, ohne Kenntnis der Gutachten und der Gutachter und ohne die Möglichkeit, die Gutachten selbst lesen zu können oder auch nur zu wissen, warum gerade diese Gutachter ausgewählt wurden. Ich habe gegen dieses »Geheimverfahren« mehrfach protestiert, da es jeder Kontrolle durch die Abstimmenden entzogen ist. In ei-

Übergabe der Festschrift zum 70. Geburtstag des Autors.
Habilitanden und frühere Mitarbeiter am Max-Planck-
Institut für Völkerrecht: Prof. Dr. Dr. Dr. h. c. mult.
Georg Ress, Prof. Dr. Torsten Stein, Prof. Dr. Kay Hailbronner
(v. l. n. r.)

ner Universitätsfakultät würde ein solches Verfahren
als ein Skandal bewertet und Empörung auslösen. Mein
Protest gegen dieses Verfahren wurde zunächst nicht
einmal in das Sitzungsprotokoll aufgenommen – bis ich
Protokollberichtigung verlangte, wenn auch ohne sach-
lichen Erfolg. Mir ist in mehr als vierzig Jahren, der ich
der Sektion nun angehöre, kein Fall bekannt, in dem sie
den Kommissionsvorschlag abgelehnt hätte, obwohl
sachliche Bedenken durchaus auch einmal angebracht
gewesen wären. Dass dieses System die Gefahr einer
Bevorzugung von personellen Rücksichten vor der
Qualität mit sich bringt, scheint mir evident. Auch hier

könnte im Einzelfall der »Zugang zum Machthaber« entscheidend sein.

Es sei noch bemerkt, dass ich selbst in den langen Jahren meiner Zugehörigkeit zur Max-Planck-Gesellschaft und als Direktor an einem Institut keiner Berufungskommission je angehört habe. Ich habe mich auch nicht darum beworben, auch nicht um den »Zugang zum Machthaber«, und wurde auch niemals zum Sektionsvorsitzenden gewählt. Bis zu meiner Emeritierung habe ich alle Präsidenten der Gesellschaft persönlich recht gut gekannt. Es waren vorzügliche Persönlichkeiten, zu denen ich volles Vertrauen hatte.

In den vergangenen Jahren gab es Bestrebungen, eine Verflochtenheit der Kaiser-Wilhelm-Gesellschaft mit dem NS-Regime aufzuspüren und zu durchleuchten. Über vage Andeutungen, dieser oder jener Wissenschaftler habe doch wohl viel »gewusst«, kamen diese Recherchen aber nicht hinaus. Das galt auch für Adolf Butenandt, der dieser hervorragenden und in der Welt wohl einmaligen Institution wissenschaftlich neuen Glanz verlieh. Die späteren Präsidenten, von denen mir persönlich Hans Zacher wegen unserer gemeinsamen Fachrichtung recht nahestand, haben alle Kräfte eingesetzt, die Bedeutung dieser Forschungseinrichtung noch zu verstärken.

Das Institut für ausländisches und öffentliches Recht und Völkerrecht, dem ich bis heute und nun auch als Emeritus angehöre, errang in diesen langen Jahren das, was man ohne Pathos Weltgeltung nennen kann. Es war vor allem Hermann Mosler, dem es gelang, den wissenschaftlichen Ruf des Instituts nach dem Zweiten Weltkrieg zu begründen. Das war nur möglich mit einem Mitarbeiterstab bester Qualität und einer Bibliotheksausstattung, die international nahezu einmalig war. Neben der Aufarbeitung der Fortentwicklung des Völkerrechts und des Verfassungsrechts der bedeutsamsten Staaten der Welt war vor allem die regelmäßige Veranstaltung von Kongressen mit Beteiligung der kompetentesten Gelehrten unseres Fachgebietes im In- und Ausland ein erfolgreicher Weg zu dieser Weltgeltung. Die späteren Direktoren, so Rudolf Bernhardt, Jochen A. Frowein, Helmut Steinberger und ich selbst haben diese Arbeitsmethode in ungebrochener Tradition fortgeführt, wobei Nebentätigkeiten im internationalen Raum deshalb möglich wurden, weil nach den Anfängen mehrere Direktoren die Leitung des Instituts innehatten. Mosler war als Ad-hoc-Richter am Internationalen Gerichtshof tätig, später als Berufsrichter, Bernhardt als Richter am Europäischen Gerichtshof für Menschenrechte und später als deren Präsident, Frowein war mehr als zwanzig Jahre Mitglied und Vizepräsident der Eurpäischen Menschenrechtskommission, Steinberger, vormals Bundesverfassungsrichter, und ich selbst waren Ordinarien der Heidelberger Fakultät. Alle diese Kollegen waren in jüngeren Jahren Assistenten und Referenten des Instituts gewesen, sodass der familiäre Charakter der Institution lange Zeit erhalten blieb. Die Zusammenarbeit unter uns war von gegenseitigem Vertrauen getragen, auch wenn wir nicht immer der gleichen Meinung waren. Später wurden dann Direktoren berufen, die bis dahin in keinem engeren Kontakt zum Institut gestanden hatten. Diesem Wechsel lag wohl die vielfach vertretene Auffassung zugrunde, dass »frischer Wind« von außen erwünscht sei. Ob sich dieser Szenenwechsel zukünftig als fruchtbar erweisen wird, muss abgewartet werden, denn natürlich haben sich Arbeitsweise und Themenwahl seither verändert. Rüdiger Wolfrum spezialisierte sich vorwiegend auf das Gebiet des Seerechts und das des Umweltschutzes. Er wurde dann zum Präsidenten des Seegerichtshofs der Vereinten Nationen gewählt. Armin v. Bogdandy, vormals Ordinarius in Frankfurt/M, richtete seine Interessen neben Europarecht und Weltwirtschaftsrecht auch stark auf die Rechtsphilosophie aus.

Viele Jahre lang war das Kuratorium des Instituts, auf Initiative von Hermann Mosler und dann erfolgreich von uns späteren Direktoren fortgeführt, aus eindrucksvollen Persönlichkeiten zusammengesetzt. So gehörten in den Anfängen dieses Beratergremiums Walter Hallstein und Hermann Pünder dazu, und ständig wurde der Vorsitz dem jeweiligen Präsidenten des Bundesverfassungsgerichts übertragen. Auch die Präsidenten des Bundesgerichtshofs und des Bundesverwaltungsgerichtshofs nahmen häufig teil, ebenso wie der jeweilige Leiter der Rechtsabteilung des Auswärtigen Amtes. Wie bescheiden diese bekannten Persönlichkeiten damals dennoch dachten, sei mit einer Anekdote belegt. Als Mosler telefonisch den Präsidenten des Bundesverfassungsgerichts, Gebhard Müller, fragte, ob er eine Art von Schirmherrschaft für das Institut übernehmen könne, kam nach einigem Zögern dann in unverfälschtem Schwäbisch die Rückfrage: »Ischt das mit Koschte verbunde?« Da das nicht der Fall war, wurde der Bitte gerne entsprochen.

XVI

GEDANKEN ZUR WIEDERVEREINIGUNG
DEUTSCHLANDS

Die Geschichte der Teilung Deutschlands und ihrer
Überwindung soll nicht Gegenstand der nachfolgenden
Betrachtungen sein. Sie ist vielfältig behandelt worden.
Hier geht es nur darum, den Zeitgeist etwas aufzuhel-
len, der diese Epoche prägte.

Als mit der Währungsreform 1948 und den Staats-
gründungen der Bundesrepublik und der DDR 1949
die durch Besatzungszonen vorgezeichnete Teilung
Deutschlands nicht nur rechtlich, sondern auch effektiv vollzogen war, trat in Staat, Gesellschaft und Wissenschaft eine gewisse Resignation ein. Die Präambel
des Grundgesetzes der Bundesrepublik erklärte die
Wiedervereinigung zu einer Art von Staatsräson, ebenso wie ein vereinigtes Europa. Aber der Protest gegen
den Fortbestand der Teilung des deutschen Staates er-
lahmte aus verschiedenen Gründen und wurde langsam
zu einer Art von ritualem Lippenbekenntnis. Die west-
liche Hälfte Deutschlands einer europäischen Integration zuzuführen, beruhte zwar auf guten Gründen, unter anderem darauf, Schutz vor den Machtansprüchen
der UdSSR herzustellen, hatte aber auch zur Folge, dass
die östliche Hälfte sich zu einer gewissen »Fremde«

entwickelte. Langsam musste die Hallstein-Doktrin aufgegeben werden, weil sie nicht durchzuhalten war. Versuche, eine Neutralisierung Gesamtdeutschlands herzustellen, wie sie von kommunistischer Seite als verlockende Möglichkeit in Aussicht gestellt wurde, wehrte man als gefährlich ab. Zwar hielt das Bundesverfassungsgericht recht konsequent an der Forderung zur Wiedervereinigung Deutschlands fest, aber doch auch nur mit der geistigen Krücke der »Teilidentität« der Bundesrepublik mit dem Deutschen Reich. Um die Oder-Neiße-Linie als Grenze Deutschlands nach Osten wurde zwar lange gestritten, aber die sogenannten Ost-Verträge sollten doch Ruhe schaffen. Das Gleiche galt für die getrennte Aufnahme der beiden Teile Deutschlands als Mitglieder in die Vereinten Nationen. Nun war es nicht mehr zu leugnen, dass auch die DDR ein »Staat« im Sinne des Völkerrechts war, wenn auch, wie ich bei einem Treffen mit DDR-Juristen bemerkte, ein »fürchterlicher«. Man hielt noch an dem Begriff einer gesamtdeutschen Staatsangehörigkeit fest, konnte aber doch nicht umhin, daneben eine DDR-Staatsangehörigkeit zu akzeptieren. Das war, in großen Zügen, die Entwicklung der »Deutschlandfrage«, deren endgültiges Schicksal auch de jure immer noch in den Händen der Siegerstaaten lag.

Das alles entfremdete die beiden deutschen Staaten immer mehr voneinander, und zwar im Westen, wie sich später zeigte, stärker als im Osten. Wenn ich die Studenten in meinen Vorlesungen fragte, was sie denn gegenüber Ostdeutschland und seinen Bewohnern empfänden, erhielt ich überwiegend die Antwort, eigentlich sei das ein fremder Staat, man fühle sich mit Frankreich, Italien und England stärker verbunden und reise auch lieber dorthin. Wie sehr sich diese Atmosphäre auch in der Politik verbreitete, zeigten die Äußerungen von Willy Brandt über die Wiedervereinigung als Lebenslüge des deutschen Volkes oder die Überlegungen Minister Jürgen Schmudes, das Gebot der Wiedervereinigung aus der Verfassung zu eliminieren. Egon Bahr warnte davor, die DDR zu destabilisieren, da dies nach seiner mir unverständlichen Auffassung die Wiedervereinigung erschweren könne. Zuletzt gab es noch ein SPD-Papier, das eine Annäherung der beiden deutschen Staaten empfahl und damit auch eine gewisse Hinnahme der DDR-Politik bedeutete. Wenn Brandt dann später bei der Wiedervereinigung erklärte: »Nun wächst zusammen, was zusammengehört«, hätte ein homerisches Gelächter nahegelegen, denn auch bei ihm war die «Lebenslüge« nun zur Wahrheit geworden.

Die Staats- und Völkerrechtslehre, also meine Zunft, war gespalten. Ein Teil der Wissenschaftler schien sich mit der Lage zwar nicht gerne, aber doch in Resignation vor den sogenannten Realitäten abzufinden. Ein anderer, aber wohl geringerer Teil sah zwar auch keine konkreten Möglichkeiten zu einer Veränderung des Status quo, wollte solche »Realitäten« aber dennoch nicht hinnehmen. Ich selbst gehörte zu dieser Gruppe. Viele meinten mit guten Gründen, dass eine Änderung nicht eintreten werde, solange die Rote Armee die Staaten des Warschauer Pakts beherrsche. Bedenklich erschien mir und meinen politischen Freunden aber der Abschluss der schon erwähnten Ostverträge. Es ging nicht darum, ob diese Verträge politisch zweckmäßig waren – im Sinne einer Beruhigung der internationalen Lage –, sondern ob sie notwendig waren. Man konnte den Standpunkt vertreten, dass gegen den Willen der Siegermächte ohnehin nichts zu machen sei. Aber war es wirklich notwendig, diese Lage zu salvieren? Doch wer diesen Standpunkt vertrat, galt – oder gilt – als unverbesserlicher Nationalist, den man allein schon durch diese Charakterisierung außer Gefecht setzen konnte.

Für mich und meine wissenschaftlichen Freunde war nach der Aufnahme auch der DDR in die Vereinten Nationen die Berufung auf das Selbstbestimmungsrecht der deutschen Nation der einzige Hebel, die Wiedervereinigung zu erreichen: Würden die Deutschen in der DDR in freier Abstimmung für die Vereinigung mit der Bundesrepublik votieren, dürfe diesem Willen nach geltendem Völkerrecht nichts entgegengesetzt werden. Das Selbstbestimmungsrecht gehört seit Inkrafttreten der Charta der Vereinten Nationen zu den zwingenden Normen des internationalen Rechts. Hätten die Deutschen der DDR in Freiheit entschieden, ein eigner Staat bleiben zu wollen, hätte auch das hingenommen werden müssen.

Doch es kam so, wie wir es vielleicht nicht erwartet, aber doch gehofft hatten. Der Zauberer war Präsident Ronald Reagan, der der UdSSR zu verstehen gab, dass er sie »totrüsten« werde, wenn sie nicht nachgeben würde. Das wurde verstanden, vor allem von Michail Gorbatschow. Ich will die Meriten Helmut Kohls nicht schmälern, aber der eigentliche »Macher« war er nicht. Der Zusammenbruch des DDR-Regimes wurde von der eigenen Bevölkerung erzwungen, und zwar in Anwendung des völkerrechtlichen Selbstbestimmungsrechts, gegen dessen Ausübung weder Frankreich noch Großbritannien hätten legal etwas unternehmen können. Es waren die USA, die diese Entwicklung möglich machten.

Dieser Betrachtung ist noch eine etwas bittere Bemerkung anzufügen. Als die Mauer fiel, hätte ein nationaler – nicht nationalistischer – Aufbruch Deutschlands stattfinden können. Die Begeisterung war groß, aber – und das mit Recht – in erster Linie wegen der für den Osten wiedergewonnenen Freiheit, nicht aber wegen der Wiedervereinigung des Gesamtstaates Deutschland. Die deutschen Staatsmänner beeilten sich zu betonen, dass wir nun alle Europäer seien, was für mich fast schamhaft klang, denn ich hatte erwartet, dass die Wiedervereinigung der Nation der Generalbass des Ereignisses hätte sein sollen. Ich habe mich in langen Jahren meiner internationalen juristischen Tätigkeit in vielen Staaten der Welt umsehen müssen, vor allem auch dort, wo es um die Errichtung neuer Verfassungen ging, und ich habe kaum einen Staat gefunden, der sich seiner eigenen Existenz gegenüber so beklommen verhalten hat wie Deutschland. Auch die Franzosen waren unter Fremdherrschaft zerrissen in Résistance und Kollaboration, aber die »Grande Nation« hat das überwunden. Die Engländer verloren das Empire, aber doch nicht ihr Selbstbewusstsein. Von den Deutschen, jedenfalls von einem großen Teil der Intellektuellen, wurde Nationalgefühl gleichgesetzt mit der Herabwürdigung anderer Nationen, nicht mit Gleichberechtigung freier Staaten. Weltbürgertum beruhte vielfach auf neuem Spießertum. Die Gründe hierfür sind bekannt, aber der Verlust der Selbstachtung scheint der Hauptgrund zu sein. In vielen Vorlesungen habe ich versucht, das den jüngeren Generationen darzulegen, aber der Erfolg war wohl bescheiden – falls er nicht doch noch eintreten sollte. In der Grabrede für Friedrich August v. d. Heydte habe ich wiederholt, was ich auch den Studenten gegenüber immer wieder betonte: Regierungen kommen und gehen, aber der Dienst gegenüber der Nation sollte davon unberührt bleiben. Der Staatsbürger dient nicht einer Regierung, sondern seinem Staat, den nur er zu schützen vermag. Diese Maxime ist vorgelebt worden, man denke nur an v. d. Marwitz, York v. Wartenburg und Graf Stauffenberg, für die der Ungehorsam den Schutz der Nation bedeutete.

Deprimierend war die Regelung der Fragen, die die Abwicklung der von der DDR und den UdSSR eingerichteten kommunistischen Eigentumsordnung betrafen, also insbesondere die sogenannte Bodenreform, die nicht nur Grundbesitzer, sondern auch mittelständische Industriebetriebe betraf und sich insgesamt gegen die »Bourgeosie« richtete. Der größte Teil der Vermögensobjekte verblieb in kommunistischer Staatshand

170

und wurde den Enteigneten bis heute nicht zurückgegeben. Aber diese Probleme sollen hier zurückgestellt sein. Sie werden in dem Abschnitt über die Erfahrungen mit der deutschen und internationalen Justiz noch behandelt werden.

XVII

ERFAHRUNGEN IN DER
INTERNATIONALEN ARBEIT

Die in den letzten Jahren meiner Berufstätigkeit inten-
sivierten Arbeiten in Forschung und Lehre auf dem
Gebiet des Völkerrechts brachten es mit sich, dass Aus-
landskontakte sich ständig verstärkten. 1971 wurde ich
zum Associé de l'Institut de droit international gewählt, dem ich dann seit 1979 als »Membre« angehörte und nun als »Membre honoraire«. Diese Institution
wurde 1873 gegründet, um der weltweiten Forschung
auf dem Gebiet des internationalen Rechts dienlich zu
sein. Sie besteht aus einer zahlenmäßig immer begrenz-
ten Vereinigung von Wissenschaftlern aus aller Welt,
kooptiert im Rhythmus von zwei Jahren jeweils neue
Mitglieder, wenn durch Tod oder Ausscheiden Plätze
frei werden, und begreift sich als eine internationale
Akademie. Es werden Kommissionen gebildet, die ab-
gegrenzte Themen des Völkerrechts oder des internationalen Privatrechts bearbeiten. Nach Vorlage von
schriftlichen Ausarbeitungen und nach eingehenden
Diskussionen werden dann von der Vollversammlung
Resolutionen beschlossen, die publiziert werden und
von denen erwartet wird, dass sie die Staatenpraxis be-
einflussen mögen. In den nun mehr als hundert Jahre

bestehenden Aktivitäten dieser Institution war ihre Bedeutung für die Rechtsentwicklung beeindruckend und größer als heute. Das liegt vor allem daran, dass seit der Gründung der Vereinten Nationen deren »International Law Commission« größeren Einfluss genommen hat. Diese Kommission ist in gleicher Weise und oftmals im gleichen Themenbereich tätig. Da sie aber von den Regierungen bestellte Mitglieder hat, liegt eine gewisse Politisierung nahe, die dem »Institut de droit international« fremd ist. Andererseits besteht häufig zwischen beiden Institutionen Personengleichheit.

Als ich 1971 gewählt wurde, gab es nur fünf deutsche Mitglieder (Wilhelm Wengler, Erich Kaufmann, Friedrich August v. d. Heydte, Hermann Mosler und Fritz Münch). So war damals die deutsche Gruppe recht klein, während etwa Franzosen, Italiener und Engländer zahlreicher vertreten waren. Die Tagungen finden alle zwei Jahre statt, jeweils in einem anderen Staat, und die Kontakte mit den Gastgeberländern sind immer besonders intensiv, sodass man auch die jeweiligen Minister und oft auch die Staatsoberhäupter persönlich kennenlernt. Die Verhandlungssprachen sind Französisch und Englisch, deren Beherrschung von jedem Mitglied erwartet wird. Die sogenannten »native speakers« sind natürlich immer in einem gewissen Vorteil, da man letztlich doch nur in seiner Muttersprache alle Nuancen beherrscht.

So kam es manchmal zu amüsanten Zwischenfällen. Ich hatte 1983 in Cambridge als Rapporteur einen Resolutionsvorschlag zu präsentieren, bei dem es um das internationale Auslieferungsrecht ging. Da ich nicht deutsch sprechen durfte, trug ich auf Englisch vor, weil wir schließlich in England tagten. Bevor ich mit dem Report begann, bat ich den damaligen Präsidenten des Instituts, Sir Robert Jennings, ihn mit mir durchzusehen, damit er sprachlich auch wirklich korrekt dargeboten werde. In seiner besonders kollegialen und freundlichen Art prüfte Sir Robert alles eingehend und gab mir grünes Licht. Als ich meinen Entwurf vorgetragen hatte, erhielt ich anerkennenden Applaus. Doch da meldete sich ein Confrère zu Wort. Inhaltlich habe er keine Bedenken, aber mein Englisch ließe zu wünschen übrig. Der Kritiker war der Amerikaner Stephen Schwebel, der zeitweilig Richter am Internationalen Gerichtshof war. Wir lachten ausgiebig, denn dass Sir Robert seiner Muttersprache nicht mächtig war, schien ausgeschlossen. Schwebel konnte sich offenbar nicht vorstellen, dass ein Deutscher gutes Englisch präsentiere – oder aber er hielt Amerikanisch für das bessere Englisch. Als ich später für einige Zeit einen Lehrstuhl in den USA innehatte, merkte ich allerdings auch, dass die lingua franca Unterschiede aufweist. Dass wir Deutschen jemals missgünstig betrachtet wurden, wie das manchmal berichtet wird, habe ich übrigens nicht erlebt. Friedrich August v. d. Heydte, einer der höchstdekorierten Offiziere des Zweiten Weltkriegs, wurde besonders respektvoll behandelt, wenn es hieß: »Monsieur le Baron, vous avez la parole.«

Besonders anregend und belehrend war meine Tätigkeit im Rahmen von Beratungen bei der Ausarbeitung neuer Verfassungen in den Jahren um 1990. So war ich im Auftrag des Europarats in Rumänien, um vor Ort bei der Abfassung einer neuen Verfassung behilflich zu sein. Das war eine erfreuliche Arbeit, aber nicht nur deswegen, weil in den Grundzügen des Verfassungsrechts wesentliche Übereinstimmungen mit westeuropäischen Systemen erzielt werden konnten, sondern vor allem, weil es der kommunistischen Diktatur zu meiner Überraschung nicht gelungen war, die bürgerliche Schicht Rumäniens so nachhaltig zu eliminieren, wie das in anderen kommunistischen Staaten der Fall gewesen ist. Ein ungebrochenes Geschichtsbewusstsein war vorhanden, und man diskutierte nicht nur über Rechtswissenschaft, sondern auch über kulturelle Fragen. Die Umgangs- und Verhandlungssprache war das Französische, das meine Gesprächspartner glänzend beherrschten. Ob die neue Verfassung sich zukünftig bewähren wird, kann ich aus heutiger Entfernung nicht beurteilen. Der gute Wille aber schien damals vorhanden. Das Nationalgefühl der Rumänen beeindruckte mich, schien aber andererseits das Verständnis für Minderheiten einzuschränken, was vor allem die Ungarn bedrückte, mit denen wir auch Kontakt hatten.

Um Verbindung mit Südafrika hatte ich mich lange Jahre bemüht. Ich arbeitete mit vielen Gästen und Kollegen aus dortigen Universitäten zusammen, wurde noch unter der Buren-Regierung zu Vorträgen eingeladen und begann dann im Rahmen privater Institutionen, an Beratungen über die neue Verfassung teilzunehmen. Die »weißen« Afrikaner waren gespalten in Buren und britisch orientierte Juristen. Als das Apartheid-Regime nicht mehr zu halten war, auch weil die Vereinten Nationen es für menschenrechtswidrig erklärten, gerieten die »weißen« Afrikaner nun auch in den Status einer Minderheit. Sie wurden zwar in Staat und Gesellschaft immer noch gebraucht, aber sie reagierten verschieden. Die Buren versuchten, ihre Kultur zu retten, soweit das möglich war, unter anderem durch die Einrichtung eines besonderen Teilstaates der Union. Das war nach der neuen Verfassung auch rechtlich denkbar, gelang aber politisch nicht. Schließlich traten eine vorläufige Verfassung und ihre Revision in Kraft, die viele Änderungen sowohl im rechtlichen als auch im gesellschaftlichen Leben der Republik mit sich brachten, so vor allem die zum Teil oktroyierte Besetzung von einflussreichen Rängen in Wirtschaft und Universität. Manche meiner juristischen Freunde verließen das Land, andere versuchten sich zu arrangieren. Erfreulich war, dass die Überleitung ohne blutige Revolution gelang. Doch die neue Ordnung war ambivalent. Zwar gab es nun ein Verfassungsgericht, das auf der Basis der neuen Richterbesetzung recht ordentlich arbeitete, aber die nationale Entwicklung gab doch Anlass zu Bedenken. Die konsequente Einbeziehung der Schwarzafrikaner auf allen Gebieten des staatlichen und gesellschaftlichen Lebens war verständlich, aber sie hatte ihren Preis. So sah zwar die neue Verfassung vor, dass ihre Normen, vor allem die Grundrechte, unmittelbare Geltung erhalten sollten, was eher den kontinental-europäischen Verfassungen als dem common law entnommen wurde, daneben aber sollte auch das tribal law, das Stammesrecht, Geltung behalten. Wie man eine solche Kombination etwa auf dem Familienrecht und dem Eigentumsrecht herstellen kann, ist mir bis heute unklar.

Immer wieder fiel mir auf, mit welcher fast kindlichen Naivität Institutionen übernommen wurden, die man aus der europäischen Rechtsentwicklung herleitete, aber doch nicht recht verstanden hatte. Die europäischen und schwarzafrikanischen Kontakte bei der Bearbeitung von Rechtsproblemen litten oft unter Mangel an Verständnis und endeten manchmal im Palaver. Einmal sprachen wir über Fragen des Föderalismus, denn auch das neue Südafrika wollte sich als Bundesstaat organisieren. Die Beratergruppe bestand paritätisch aus Europäern und Schwarzafrikanern. Als das lange Gespräch ohne rechten Erfolg von dem Vorsitzenden Ernst Benda, dem zeitweiligen Präsidenten des Bundesverfassungsgerichts, beendet wurde, standen die Afrikaner auf und sangen ein Lied. Ich fragte meinen afrikanischen Nachbarn, ob das ihre Nationalhymne sei. Nein, sagte er, das sei ein Lied, das man nach einem Fußballspiel sänge. Dann ging man freundlich auseinander.

Zu welchen kuriosen Ergebnissen es kommen kann, wenn Rechtskulturen sich austauschen und sich dennoch nicht verstehen, erfuhr ich, als mir ein ehemals hoher südafrikanischer General berichtete, nach Einführung der neuen Verfassung habe man in Polizei und Armee zeitweise darüber abgestimmt, ob man zu einem konkreten Einsatz bereit sei. Man habe nun doch Demokratie und demnach entscheide die Mehrheit.

An den Beratungen zu einer neuen Verfassung in Namibia nahm ich ebenfalls im Rahmen einer privaten Vereinigung teil. Die Probleme lagen hier etwas anders als in Südafrika. Es ging vor allem darum, dass ein Stamm, nämlich die Ovambos, wegen seiner großen zahlenmäßigen Überlegenheit die anderen Stämme, von denen es etwa weitere zehn gab, zu majorisieren drohte. Die Ovambos hatten vordem Mitglieder kleinerer Stämme zu Zwangsarbeitern gemacht, also in gewisser Weise versklavt. Wir versuchten, dieses Übergewicht dadurch auszugleichen, dass in einer zweiten Kammer die Stämme nicht nach reiner Kopfzahl, sondern gleichberechtigt vertreten sein sollten. Der Verfassungsentwurf enthielt noch weitere Ungereimtheiten. So war vorgesehen, dass der Staatspräsident berechtigt sein solle, jeden Richter und auch solche des höchsten Gerichts, des Amtes zu entheben, wenn ihm »gross misconduct« (grobe Pflichtverletzung) vorgeworfen werde. In einer Besprechung fragte ich den von den Vereinten Nationen als Beobachter Beauftragten, den früheren finnischen Staatspräsidenten Martti Ahtisaari, was denn unter »gross misconduct« zu verstehen sei und wie eine solche einseitige Entlassung mit dem Grundsatz der richterlichen Unabhängigkeit zu vereinbaren sei. Er konnte mir keine Auskunft geben, aber sein Stellvertreter, ein Schwarzafrikaner aus Nigeria, meinte lachend, er wisse, was grobe Pflichtverletzung eines Richters sei, etwa »three times decision against the government«.

Seine ironische Bemerkung beruhigte mich. Er hatte das Problem begriffen.

Zusammen mit einem Kollegen wurde ich von der Regierung von Jordanien zu Gesprächen über Verfassungsrecht nach Amman eingeladen. Unter anderem sollten wir von unseren Erfahrungen hinsichtlich der Funktion eines Verfassungsgerichts berichten. Zeitweilig führte den Vorsitz der Regent, ein Bruder des erkrankten Königs. Ich erklärte ihm, dass es in einer Monarchie Schwierigkeiten mit einer Verfassungsgerichtsbarkeit gebe. Ein solches Gericht sei auch eine Art »König« der Rechtsordnung, sodass der eigentliche König selbst an Macht abgeben müsse. Der Grundsatz des britischen common law, »the king can do no wrong«, gelte dann nicht mehr, wenn ein Gericht auch seine Akte überprüfen könne. Es war ein besonders freundliches und höfliches Gespräch. In der letzten Sitzung bedankte ich mich auf Englisch und fügte auf Deutsch hinzu: »Vielen Dank, Königliche Hoheit.« Der Regent antwortete in akzentfreiem Deutsch: »Das höre ich gern und danke auch Ihnen.«

Ich habe an vielen Universitäten der Welt Vorträge über Völkerrecht und Verfassungsrecht gehalten und so die akademische Atmosphäre fremder Staaten kennengelernt. Aber tiefer greifende Eindrücke bekam ich erst, als ich nach meiner Emeritierung für kurze Zeit den ordentlichen Lehrstuhl meines Freundes und Kollegen Thomas Buergenthal an der Emory University (Atlanta/USA) übernahm. Heute ist Buergenthal Richter am Internationalen Gerichtshof in Den Haag, doch

Der Autor im Gespräch mit dem Regenten
Hassan von Jordanien, dem Bruder des Königs

Verleihung der Ehrendoktorwürde an
Prof. Dr. Tom Buergenthal, Richter am Internationalen
Gerichtshof, durch den Autor als Dekan der Juristischen
Fakultät der Universität Heidelberg, 1986

damals wollte er nur die Universität wechseln, was erst möglich war, wenn er als Übergang einen Vertreter benennen konnte. Ich war zwar schon als Visiting-Professor 1968 in Ann Arbor (Michigan/USA) gewesen, aber doch nicht als Full-Professor. An der Emory University habe ich dann die amerikanische Lehre wirklich profund kennengelernt, denn ich musste eine mehrstündige Vorlesung und ein Seminar abhalten, und überdies oblag mir die Durchführung von Prüfungen. So sah ich mich gezwungen, kontinental-europäisches Rechtsdenken mit der Case-law-Methode des anglo-amerikanischen Rechts in Übereinstimmung zu bringen. Die Universitätsatmosphäre war hervorragend, denn die Kontakte zwischen Studenten und Professoren waren erheblich enger als an deutschen Hochschulen. Irritierend war nur, dass die Lehrprogramme sehr eng gefasst waren, sodass die Professoren sich weniger um eine übergreifende juristische Methodenlehre bemühten, sondern sich strikt an ihr Spezialprogramm hielten. Die deutsche Juristenausbildung schien mir systematisch und dogmatisch erheblich besser, während die Lehrmethode der USA im eher technischen Sinne wiederum der deutschen überlegen war. Leider war die Allgemeinbildung der amerikanischen Studenten, bei aller Anerkennung ihrer Intelligenz, nicht ausreichend entwickelt, sodass sie fremde Rechtsordnungen kaum zur Kenntnis nahmen. Als ich meine Hörer einmal fragte, wer denn außer Englisch noch eine andere Sprache beherrsche, meldeten sich nur zwei von dreißig Studenten. Es waren Chinesen.

Auch die beiden mir zugeteilten Sekretärinnen konnten nur Englisch, sodass meine Frau einspringen musste, wenn ich Deutsch oder Französisch diktieren wollte. Sie erlernte dort die Bedienung des Computers und hat seither, obwohl lange Zeit als Fachärztin tätig, alle Auflagen meiner Lehrbücher geschrieben, redigiert und publizistisch betreut, denn als Emeritus hatte ich keine weiteren Hilfen mehr. Die Freundlichkeit der amerikanischen Kollegen, die mir die Zeit in Atlanta so angenehm machte, bestand auch darin, dass meine Frau in der Neurologischen Klinik für alte Patienten hospitieren konnte, also in ihrem Fachgebiet. Ihre guten Erfahrungen deckten sich mit meinen eigenen.

XVIII

ERFAHRUNGEN MIT DER
HOHEN GERICHTSBARKEIT

Die Stabilitätssäule des Rechtsstaats, deren Notwendigkeit für ein geordnetes Staatswesen mit Recht immer wieder vollmundig betont wird, besteht in einer unabhängigen Justiz. Diese Säule zeigt Risse auf, wenn die Justiz politisiert wird. Eine solche Binsenweisheit kann, trotz ihrer Plausibilität, nicht genügend betont werden. Aber die richterliche Unabhängigkeit mag noch so sehr durch die Verfassung garantiert und durch den Gesetzgeber perfektioniert werden, sie besteht doch letztlich nur dann, wenn der subjektive Wille des Richters sie bejaht. Das sei vorausgeschickt.

Ende des Jahres 1978 las ich in der Zeitung, dass ein bekannter Gewerkschaftsfunktionär, der offenbar empört über eine Entscheidung des Bundesarbeitsgerichts war, mit der die Rechtmäßigkeit der Abwehraussperrung im Streikfall bestätigt wurde, wörtlich geäußert haben soll: »Wir werden unser Schicksal nicht in die Hände der Richter legen.« Seine Gewerkschaft werde auch gerichtliche Entscheidungen über die Rechtmäßigkeit von Aussperrungen nicht akzeptieren. Zu dieser Zeit war er selbst nebenamtlicher Richter des Staatsgerichtshofs von Baden-Württemberg. Ich schrieb an den

Präsidenten des Staatsgerichtshofs und stellte ihm die Frage, ob er angesichts der Missachtung der Gerichtsbarkeit durch ein Mitglied seines eigenen Gerichts nicht Konsequenzen ziehen wolle. Eine Antwort bekam ich nicht. Als ich den Präsidenten später persönlich traf und ihn nochmals nach seiner Auffassung fragte, erklärte er nur, da könne man nichts machen. Was man machen könne, erwiderte ich, stehe unmissverständlich klar in dem Gesetz über die Staatsgerichtsbarkeit. Auch den damaligen Ministerpräsidenten von Baden-Württemberg hatte ich auf diesen Fall aufmerksam gemacht, aber auch von dort erhielt ich keine Reaktion. Die Gründe für dieses laisser faire konnten nur darin liegen, dass entweder ein Interesse am Schutz der Unabhängigkeit der Gerichtsbarkeit nicht bestand, oder aber – und noch bedenklicher –, dass politische Rücksichten entscheidend waren. Dieser Vorgang war ein Beispiel dafür, wie die richterliche Unabhängigkeit gefährdet ist, wenn die Missachtung dieser Institution hingenommen wird und die Justiz selbst sich nicht wehrt.

Ein Präsident des Bundesverfassungsgerichts hat einmal geäußert, das Gericht verliere dann seine Autorität, wenn seine Entscheidungen keine Akzeptanz fänden. Wenn damit die Akzeptanz durch die politischen Akteure gemeint sein sollte, wird diese Maxime mehr als bedenklich. Das soll mit einigen Beispielen erläutert werden, die alle noch immer hochaktuell sind.

Anfang der achtziger Jahre wurde ich vom Landgericht Düsseldorf als Gutachter bestellt. Es ging um die

Frage, ob der iranische Diplomat Tabatabai, angeblich ein Schwiegersohn des Revolutionsführers Chomeini, der nun die Macht innehatte, vor deutschen Gerichten Immunität genieße. Er war trotz seines Protestes und seiner Berufung auf den Diplomatenstatus auf einem deutschen Flugplatz festgehalten worden, und sein Gepäck wurde durchsucht. Er führte größere Mengen an Drogen mit sich. Es erfolgte Anklage vor dem Landgericht Düsseldorf, wobei er sich auf seine Immunität als Diplomat berief. Als Gutachter konnte ich seinen Einwand nicht als rechtlich begründet bestätigen. Er war in der Bundesrepublik nicht als Diplomat akkreditiert, hatte keinen nachweisbaren Spezialauftrag der Regierung des Iran und war als Tourist eingereist. Wegen der Ablehnung seiner Immunität durch das Landgericht legte er ein Rechtsmittel bei dem Bundesgerichtshof ein, das zu meiner Überraschung die Immunität anerkannte. Die Begründung erschien mir so zweifelhaft, dass es nahelag, darüber nachzudenken, inwieweit politische Rücksichten hier eine Rolle gespielt haben mochten, etwa die Gefährdung der politischen Beziehungen zum Iran. Wäre das ein rechtlich zulässiger Grund, das internationale Diplomatenrecht unbeachtet zu lassen? Man hätte ihn verurteilen und dann ausweisen können.

Im Jahre 1993 entschied das Bundesverfassungsgericht, dass der Schwangerschaftsabbruch – abgesehen von Fällen der gesetzlich normierten Zulässigkeit – rechtswidrig sei, der aber nach Beratung der Schwangeren nicht bestraft werden müsse, so wie der Gesetzgeber es nun vorsehe. Dass eine Rechtswidrigkeit vorgenommen werden darf, ohne dass die Rechtsordnung eine Sanktion vorsieht, ist per se schon schwer verständlich. Völlig unverständlich sind aber die Rechtsfolgen, die sich so ergeben können, denn es stellt sich die weitere Frage, ob dann jemand bestraft werden kann, der die Rechtswidrigkeit zu verhindern sucht. Wäre die Behinderung eines Arztes, der die Abtreibung vornimmt, als Nötigung strafbar, etwa dann, wenn man ihm den Zugang zu der Schwangeren versperrt? Man kann schwerlich ein Verhalten als rechtswidrige Nötigung bestrafen, wenn es gerade darauf gerichtet ist, eine Rechtswidrigkeit zu verhindern. Dass das Bundesverfassungsgericht diese Ungereimtheit nicht gesehen hat, ist kaum anzunehmen. Man hat den Eindruck, dass es sie nicht sehen wollte und eine gesellschaftspolitische Atmosphäre so zur Flucht vor einer klaren Entscheidung benutzte.

Im Jahre 1995 entschied das Bundesverfassungsgericht, dass eine Sitzblockade vor den Toren einer militärischen Einrichtung nicht als rechtswidrige Nötigung bestraft werden könne, da es sich nicht um »Gewalt« im Sinne dieser Strafnorm handle, die dieses Tatbestandsmerkmal verwende. Aber soll es denn wirklich keine strafbare Nötigung sein, wenn sich jemand, um mich am Verlassen meines Hauses zu hindern, vor meine Tür setzt, sodass ich sie nur öffnen kann, indem ich ihn körperlich verletze? Das Gericht anerkennt, dass auch psychischer Zwang eine Nötigung sein könne, aber im vorliegenden Fall sollte das nicht gelten. Die Entscheidung erging mit knapper Mehrheit (fünf zu drei). Die einzige Erklärung für das Zustandekommen dieser Mehrheit scheint zu sein, dass politische Rücksichten auf politisch bestimmte Demonstranten genommen wurden.

Noch im gleichen Jahr erging die Entscheidung, dass es zulässig sei, Soldaten als »Mörder« zu bezeichnen, sogar dann, wenn das gegenüber einer Einzelperson geschieht. Die Entscheidung löste weitgehend Empörung aus. Das Gericht meinte, dass zwar auch das Recht auf freie Meinungsäußerung nicht ehrverletzend ausgeübt werden dürfe, und dass auch öffentliche Einrichtungen wie die Bundeswehr insoweit nicht ungeschützt seien. Jedoch müsse geprüft werden, ob die Äußerung nicht als allgemeine Ablehnung der Tötungshandlung von Soldaten verstanden werden könne. So müsse die Bezeichnung »Mörder« nicht unbedingt im Sinne des Strafrechts gemeint sein. Auch sei die Bundeswehr nicht ausdrücklich genannt. Dass eine Staatsgewalt, die die allgemeine Wehrpflicht gesetzlich vorschreibt, die Qualifikation von Soldaten als »Mörder« zulassen kann, ist schwer begreiflich. Soll der Soldat die Beweislast dafür tragen, dass er ausnahmsweise kein Mörder ist? Derjenige, der solche Äußerungen von sich gibt, muss sich darüber im Klaren sein, dass sie so verstanden werden dürfen, wie sie auf die Allgemeinheit wirken. Wieder schimmert in der Entscheidung also die politische Rücksichtname durch, die »progressiven« politischen Kräften nicht Einhalt gebieten wollte. Aber damit wirkte sie gemeinschaftsstörend – und zwar zugunsten einer extremen politischen Permissivität.

Im Zuge der Wiedervereinigung Deutschlands 1989/90 verkündete Bundeskanzler Kohl vor dem Bundestag, dass die UdSSR der Bildung Gesamtdeutschlands nur zustimmen würden, wenn die kommunistische Bodenreform der DDR, die zur entschädigungslosen Enteignung der sogenannten Bourgeoisie geführt hatte, nicht rückgängig gemacht werde. Eine entsprechende Erklärung hatten auch die beiden deutschen Regierungen abgegeben. Über etwaige staatliche Ausgleichsleistungen werde das gesamtdeutsche Parlament entscheiden. Später stellte sich heraus, dass eine solche Bedingung von der Sowjetunion gar nicht gestellt worden war, wie Gorbatschow öffentlich erklärte. Die Vermögensobjekte der völkerrechtswidrig Enteigneten befanden sich zu dieser Zeit noch überwiegend im Staatseigentum der DDR und gingen dann bei der Wiedervereinigung in das Eigentum Gesamtdeutschlands über. Sie wurden den Enteigneten nicht zurückgegeben, wie jeder rechtsstaatlich denkende Bürger hätte erwarten können. Diese Nichtrückgabe wurde vom deutschen Gesetzgeber angeordnet, der offenbar und zunächst auf die Erklärung des Bundeskanzlers vertraute, dass anders die Wiedervereinigung nicht zu erreichen sei. Mehrfach wurde das Bundesverfassungsgericht von den Betroffenen angerufen, die der Auffassung waren, dass jedenfalls das Eigentum, das nun in Staatshand verbleiben sollte, hätte zurückgegeben werden müssen, da sich der Staat sonst selbst wie ein Hehler an gestohlenem Gut bereichere. Das Bundesverfassungsgericht wies diese Klagen zunächst mit der Begründung zurück, dass Moskau diese

Bedingung gestellt habe. Als das nicht mehr aufrecht-
zuerhalten war, erklärte das Gericht, dass die umstrittene Regelung zwischen Bundesrepublik und DDR nun
einmal so vereinbart worden sei. Alle Gegenvorstel-
lungen waren vergeblich, obwohl vorgetragen wurde,
dass der Sinn der gemeinsamen Erklärung der beiden
Regierungen, die Bodenreform werde nicht »rückgängig« gemacht, nur darin bestehen könne, den Personen,
die ein Vermögen zu DDR-Zeiten erworben hatten,
dieses Vermögen nicht wieder zu entziehen. Das in
Staatshand verbliebene enteignete Eigentum hatte ja
an der Bodenreform gar nicht teilgenommen. Denn deren Sinn könnte nur darin liegen, das Vermögen Privaten zugänglich zu machen. Jede andere Auslegung der
gemeinsamen Erklärung der deutschen Regierungen
hätte die nationale und internationale Rechtsordnung
über den Eigentumsschutz verletzt. Das Bundesverfassungsgericht ist auf diese Argumentation in drei Verfahren niemals eingegangen. Noch in der letzten Entscheidung im Jahre 2004 wird festgestellt, dass die
Staatsgewalt berechtigt sei, das widerrechtlich enteignete Vermögen selbst zu behalten. Ich habe mich in
mehr als zehn Jahren um die Restitution dieses Vermö-
gens bemüht, indem ich die Opfer der Enteignungen
ständig beraten habe. Vielen Klägern wurde nicht einmal rechtliches Gehör in der mündlichen Verhandlung
zugestanden. Dass das Bundesverfassungsgericht in
diesen Fällen das geltende Recht aus politischen Gründen missachtet hat, zeigt für mich schon der Hinweis
der Regierung, dass man in der ehemaligen DDR mit

Turbulenzen zu rechnen habe, wenn die früheren Eigentümer, vor allem die »Junker«, ihr Eigentum zurückerhielten. Dass die ehemaligen DDR-Bürger davon gar nicht betroffen gewesen wären, wurde nicht zugestanden, obwohl es den Tatsachen entsprochen hätte. Offenbar wollte man dem Staat dieses Hehlergut belassen, um Kosten zu sparen und vor allem die Politik der Regierung nicht zu stören.

Die gesamte Frage kam dann vor den Gerichtshof der Europäischen Menschenrechtskonvention, der 2005 entschied, dass dem deutschen Staat nichts vorzuwerfen sei. Diese nun einmal in der DDR Enteigneten hätten vielleicht eine Hoffnung, aber doch keine rechtliche Erwartung hegen können, ihr Eigentum, auch das in Staatshand befindliche, zurückzuerhalten, denn eine solche rechtliche Erwartung (legal expectation) sei von dem deutschen Gesetzgeber selbst vernichtet worden. Hiernach bestimmt der Hehler also selbst über das Schicksal des geraubten Gutes. Ich habe der mündlichen Verhandlung über diese Frage beigewohnt. Nur zwei Richter stellten Rückfragen, alle anderen schwiegen. Der deutsche Richter, Professor Georg Ress, fragte den Vertreter der deutschen Regierung, ob denn keine andere Auslegung der gemeinsamen Erklärung der beiden Regierungen denkbar sei, und ähnlich lautete auch der Einwand des französischen Richters. Dass die Grundlage der ablehnenden Entscheidung wiederum politischen Erwägungen entsprach, schien mir offensichtlich. Ress hat dann, wenn auch in einem anderen Verfahren, eine scharfe Erklärung als seine abweichende Meinung bekannt gegeben, die meiner Auffassung entsprach.

Der Fürst von Liechtenstein hatte vor dem Bundesverfassungsgericht Klage erhoben, weil ihm ein wertvolles Bild, das von der tschechischen Regierung enteignet worden war, nicht zurückgegeben wurde. Das Bild befand sich zu dieser Zeit in Deutschland. Die tschechische Auffassung war, dass der Fürst »deutschstämmig« sei, auch wenn er die deutsche Staatsangehörigkeit nicht innehabe. Das Gericht ließ die Klage nicht zu. Der sogenannte Überleitungsvertrag von 1954, dem die Bundesrepublik zugestimmt habe, enthalte die Klausel, dass vor deutschen Gerichten keine Klage erhoben werden könne, die deutsches Vermögen betreffe, das aufgrund des Krieges enteignet worden sei. Auf die Vorhaltung, dass es sich gar nicht um deutsches Vermögen, sondern um liechtensteinisches handele, erfolgte nur die Replik, dass jedenfalls formell die tschechische Regierung das Vermögen als »deutsches« eingestuft habe. Auch von dem Gerichtshof der Europäischen Menschenrechtskonvention wurde so entschieden. Ich selbst hatte das Bundesverfassungsgericht in einer bekannten Juristen-Zeitschrift nachhaltig kritisiert. Kann man hier noch annehmen, dass politische Erwägungen keine Rolle gespielt haben? So naiv wird wohl kein vernünftiger Betrachter des Falles sein.

Ich habe diese Fälle detailliert wiedergegeben, weil das Problem der staatsrechtlichen Funktion eines Verfassungsgerichts bis heute nichts von seiner Aktualität verloren hat, weder in den USA noch in Deutschland.

Aber diese Problematik, die in der Verfassungslehre meist recht abstrakt behandelt wird, sollte doch einmal in concreto vorgeführt werden.

Die Frage, ob ein Verfassungsgericht ein wahres »Gericht« ist oder auch ein »politisches« Staatsorgan, ist älter als die Institution, jedenfalls in Deutschland. Sie beschäftigte die Staatsrechtslehre schon in der Weimarer Republik. Bekannt ist die Kontroverse zwischen Hans Kelsen und Carl Schmitt: Für Kelsen bedeutete die Verfassungsgerichtsbarkeit die Krönung des Rechtsstaats im Sinne seiner Stufentheorie. Wenn man der Verfassung unmittelbare Normativität zuerkennt, als Quelle von Rechten und Pflichten, dann müsse auch eine letzte Instanz bestehen, deren Kompetenz zur Auslegung der Verfassung endgültig sei. Das war auch die vom Supreme Court der USA schon im 19. Jahrhundert erarbeitete Auffassung. Carl Schmitt aber warnte vor einer solchen Verrechtlichung der Verfassung, nämlich der Juridifizierung der Politik, bei der, wie er sagte diese nichts zu gewinnen, aber die Justiz alles zu verlieren habe. Er wies darauf hin, dass die Normen der Verfassung in weiten Teilen auf einem sogenannten dilatorischen Formelkompromiss beruhten, der heilsam sei, weil er politischen und vielleicht notwendigen Entwicklungen Raum lasse, der aber durch Pseudo-Gerichtsentscheidungen, die zur vorzeitigen Versteinerung des Rechts führen könnten, gekappt würde. Der Parlamentarische Rat ist bei Abfassung des Grundgesetzes der Auffassung Hans Kelsens gefolgt. Es hieß damals: Wir haben keine Angst vor der Verrechtlichung der Politik. Das war verständlich nach der NS-Zeit, in der das Recht der Politik untergeordnet sein und sie nicht bändigen sollte.

Nachdem dann die Verfassungsgerichtsbarkeit im Grundgesetz institutionalisiert war, verlagerte sich die Problematik auf die Frage, wo denn nun die Grenzen seiner Jurisdiktionsgewalt zu suchen seien, denn – und dafür habe ich die Beispiele angeführt – eine saubere Abgrenzung zwischen Recht und Politik ist bei verfassungsrechtlichen Fragen schwer auffindbar. In der Behandlung eines Sachverhalts, der dem Gericht vorgelegt wird, wird immer auch die politische Beurteilung mitschwingen. Um dem zu entgehen, wurde wiederholt richterliches »self restraint« empfohlen, aber das verschiebt nur die Akzente, nicht das Problem. Von entscheidender Bedeutung ist daher bei diesem Seiltanz für mich immer die Frage nach dem rechten Verfahren zur Nominierung der Richter gewesen, denn wie ich das schon aufgezeigt habe, die Neutralität der Richter hängt entscheidend von ihrem eigenen Willen zur Unparteilichkeit ab. Aus dieser Sicht aber ist die Richterernennung im geltenden System äußerst bedenklich. Die Richter werden ausschließlich von den politischen Parteien, vertreten durch die Fraktionen im Bundestag, gewählt. Da für die Wahl eine Zweidrittelmehrheit notwendig ist – was auf guten Gründen beruht, da andernfalls die Mehrheit alle Stellen besetzen könne –, erfolgt ein Handelsgeschäft. Jede Partei ist einmal »dran«, weil keine über zwei Drittel der Stimmen verfügen wird. Wenn aber eine Partei in diesem

Sinne die Vorhand hat, besteht die Gefahr, dass dann, wenn sie aus ihren Reihen über keine hoch qualifizierte Person verfügt, die Qualität der Opportunität weichen könnte. Trotzdem wird dieses System immer wieder mit dem Argument verteidigt, dass das Gericht, gerade weil es sich bei seiner Entscheidung auch politischen Fragen nicht entziehen kann, ein Abbild des politisch demokratischen Feldes darstellen sollte. Wenn das richtig ist, dann läge eben das Schwergewicht der Tätigkeit des Gerichts doch auf dem Gebiet der Politik und sein Gerichtcharakter träte zurück. Dann behielte Carl Schmitt gegenüber Hans Kelsen doch recht. Leider ist es so, dass sich jeder Prozessvertreter, der vor dem Verfassungsgericht seine Sache vertritt, die Frage stellt, zu welcher politischen Kategorie der einzelne Richter gehört, der schwarzen, roten, gelben oder grünen. Er wird sein Plädoyer darauf einrichten. Für die einen muss er nicht plädieren, weil er weiß, dass sie ohnehin seiner Auffassung sind. Für andere muss er nicht plädieren, weil er weiß, dass er sie von ihrer politischen Meinung nicht abbringen kann. So wird er nur für die »Wankenden« noch Argumente bringen müssen. Ich habe das selbst so erfahren. Auch wenn man sagt, das einmal erworbene Amt mache frei von der politischen Herkunft des politisch gewählten Richters, wird das eine Seltenheit sein. Wenn man die Richter über viele Jahre hinweg beobachtet, stellt sich heraus, dass sie ihrer politischen Herkunft in der Regel treu geblieben sind, auch wenn sie keiner Partei als Mitglied angehörten. Es war nicht schwer, in einem brisanten

Verfahren vorauszusagen, wie das Stimmverhältnis sein werde, wenn man die Herkunft der Richter bezüglich ihrer Promotoren kannte. Ohne Frage hat es viele ausgezeichnete Richter gegeben, aber die Gesamtatmosphäre ist wohl meist eine politische gewesen.

Die Richter sind für zwölf Jahre ernannt, also für die Dauer von drei normalen Wahlperioden, sodass sie die gewählten politischen Gremien überdauern und nicht den Spiegel der aktuellen demokratischen Kräfte abgeben können. Das Wesentliche an der derzeitigen Konstruktion des Verfassungsgerichtes ist die Diskrepanz zwischen politischer Macht und Verantwortlichkeit. Wenn man den Standpunkt vertritt, dass das Gericht von Verfassung wegen auch als zumindest partiell politisches Staatsorgan tätig wird, fehlt doch jede Möglichkeit, es für seine Handlungsweise verantwortlich zu machen. Die politische Macht, sei es die des Gesetzgebers oder die der Exekutive, kann durch Neuwahlen ausgewechselt werden, wenn sie wegen ihres Verhaltens nicht mehr akzeptiert wird. Auch wenn die Richterschaft politisch handelt, ist sie für ihr Verhalten zwar verantwortlich, kann aber nicht zur Verantwortung gezogen werden, denn die richterliche Unabhängigkeit steht dem entgegen. Würde man auf sie verzichten, verlöre diese Institution den Charakter eines Gerichts im Sinne des Rechtsstaates.

Wenn es nun so ist, dass ein Verfassungsgericht gleichsam von Natur aus immer eine Mischung von Justizgewalt und politischer Gewalt sein wird, ist die allein noch relevante Frage diejenige nach dem System der Richterernennung. Nur hier kann angesetzt werden, wenn man eine zu starke Politisierung der Rechtsprechung vermeiden will. Nicht mehr nur die politischen Parteien sollten »ihre« Richter einsetzen können, sondern es sollte Wege zur Entpolitisierung geben. Man könnte daran denken, ein Ernennungsverfahren einzurichten, das die Unabhängigkeit des Gerichts als einer vierten Gewalt im Staate besser verbürgt. So könnte man erwägen, ein Wahlgremium einzusetzen, in dem neben Vertretern der Legislative und Exekutive auch solche der Anwaltschaft, der Universitäten und auch der Gerichtsbarkeit selbst beteiligt sind. Ein solches Wahlgremium könnte sicherlich eher für Qualität und Unparteilichkeit der Richter sorgen als die rein politische Wahl durch die Parteien. Das ist nur einer von vielen möglichen Vorschlägen. Wenn ich den Verfassungsrichtern Derartiges vortrug, war deren fast einhellige Auffassung, das bestehende System sei schon das beste. Einmal wurde ich ärgerlich und erwiderte dem richterlichen Gesprächspartner, letztlich hätte ich von ihm auch keine andere Stellungnahme erwartet, denn ohne dieses System wäre er selbst wohl kaum Verfassungsrichter geworden. Viele der schon erwähnten Gerichtsentscheidungen hätten bei anderem Wahlmodus der Richterschaft anders gelautet.

Die Europäische Union

Der Entwicklung der Integration Europas stand ich seit ihren Anfängen in einer Mischung von Skepsis und Hoffnung gegenüber. Einer der geistigen Väter des Europarechts, mein älterer Kollege Hans Peter Ipsen, sagte mir mit einer gewissen Enttäuschung einmal, man hätte es bei einer Wirtschaftsgemeinschaft belassen sollen, statt eine politische Union anzustreben. Er wusste natürlich auch, dass die Europa-Enthusiasten mit dem Vehikel der Wirtschaftsgemeinschaft immer schon die politische Union erreichen wollten. Ein anderer Freund, der schon 1933 nach England ausgewanderte Währungsspezialist Frederik Mann, ein erstklassiger Kenner des internationalen Rechts und des monitary law, bedauerte die Erweiterung der Europäischen Gemeinschaft über die sechs Gründungsmitglieder hinaus. Beide hatten wohl das Gefühl, hier solle etwas Geltung erlangen, was dann nicht mehr beherrschbar sei. Ich selbst konnte mich des Gedankens nicht erwehren, die immer weiter fortschreitende Integration könne das Werk von Zauberlehrlingen sein, die die Geister, die sie gerufen hatten, nicht mehr bändigen könnten.

Auf einer Staatsrechtslehrertagung, in der die Integration Europas behandelt wurde, trugen die beiden

Referenten vor, diese Integration müsse, solle und werde immer weiter fortschreiten, immer breiter und dichter werden. Aber das Ganze solle doch nicht in die Bildung eines Bundesstaates einmünden. Auf meine Frage, wohin denn sonst der Weg immer engerer Integration führen solle und könne, bekam ich keine Auskunft. Einer der Referenten merkte nur an, der Europäer habe nun zwei Identitäten, die europäische und die nationale. Ich entgegnete, das erinnere mich an die klassische Definition der Schizophrenie. Aber die Bürger der europäischen Nationalstaaten hätten nicht zwei Identitäten, sie blieben immer die Gleichen, nur seien sie nun zwei Hoheitsgewalten unterworfen. Welcher schuldeten sie nun vorrangig Treue, und von welcher sei vorrangig ihr Schutz zu erwarten? Für welche Hoheitsmacht seien gegebenenfalls Opfer zu erbringen?

Hiermit ist man am Kern des Europaproblems angelangt. Die einzelnen Stufen der europäischen Integration sollen hier nicht nachgezeichnet werden. Man kann sie in jedem Lehrbuch nachlesen, aber was man dort selten findet, ist eine nähere Betrachtung des Verhältnisses zwischen den Bürgern der Mitgliedstaaten und der Union. Bisher ist es nicht gelungen, dem Bürger Europas – trotz nun institutionalisierter Unionsbürgerschaft – auch nur das Entscheidungssystem der Europäischen Gemeinschaft und der Union klarzumachen. Es ist schon nicht einfach, Schulkindern die Konstruktion der eigenen, nationalen Verfassung zu erklären, obwohl Gesetzgeber, Exekutive und Justiz in ihren Aufgaben und Kompetenzen plastisch vorgeführt werden können, sodass jedermann sie begreifen kann. Wie aber soll dem Bürger ein System erläutert werden, das, wie der vorläufig gescheiterte Vertrag mit seinen mehr als 300 Artikeln, schon für Spezialisten des Europarechts Unklarheiten und Überschneidungen von Kompetenzen und Verantwortlichkeiten erkennen lässt. In diesem intellektuellen Dilemma hat man zunächst unter Leitung des vormaligen Bundespräsidenten Roman Herzog mit gewissem Stolz eine neue Grundrechtscharta erarbeitet, die europäische Werte vermitteln soll. Abgesehen davon, dass Grundrechte Freiheitsverbürgungen darstellen und Werte nicht vermitteln, sondern schützen sollen, haben solche Grundrechtsverbürgungen fast inflationären Umfang angenommen. Sie wurden von Landesverfassungen, der Bundesverfassung, der Europäischen Menschenrechtskonvention und den Vereinten Nationen kodifiziert und lauten inhaltlich in etwa gleich. Eine zusätzliche Verbürgung, vorgesehen in einem europäischen Verfassungsvertrag, war völlig unnötig und entsprang offenbar der Vorstellung, man müsse dem Bürger etwas Begreifliches liefern, weil er die Funktionsverteilung europäischer Institutionen ohnehin nicht versteht. Eine demoskopische Umfrage würde wohl ergeben, dass es dem »Mann auf der Straße« kaum gelänge, Europarat, Europäische Gemeinschaft und Europäische Union auseinanderzuhalten, geschweige denn, ihre Aufgaben zu erläutern oder darüber Auskunft zu geben, wer über seine Grundrechte endgültig entscheidet: das Bundesverfassungsgericht, der Gerichtshof der Europäischen Menschenrechtskonvention oder

der Europäische Gerichtshof in Luxemburg? Vor allem wissen es diese Gerichte selbst nicht ganz genau.

In allen Stadien der Integrationsentwicklung ist betont worden, nur demokratische Herrschaftssysteme seien in Europa anerkennbar, und nur ein Staat, der auf Demokratie basiert, könne Mitglied sein. Das Kuriosum ist dabei, dass Gemeinschaft und Union, die diese Forderung stellen, selbst keine Demokratie in dem von ihnen geforderten Maße verbürgen. Ohne der Debatte über das Demokratiedefizit Europas im Hinblick auf subtile Kompetenzen hier noch etwas hinzuzufügen, sei doch daran erinnert: Wenn man von der Staatsgewalt des Volkes als Definition der Demokratie spricht, muss dieses europäische Volk doch wenigstens begreifen können, wer es nun eigentlich konkret beherrscht, denn Herrscher und Beherrschte sollen in der Demokratie identisch sein. Das Volk soll die Gesetze machen, weil es nur seinen eigenen Gesetzen unterworfen sein soll. Schon die geringe Wahlbeteiligung an den Europa-Wahlen zeigt, dass jedenfalls diese klassische Demokratie ins Leere geht. Der Ausweg, den rabulistische Juristen dann finden, lautet, dass Europa eben keine staatliche Demokratie sei. Sie sei eine solche eigener Art (sui generis). Aber Demokratien »eigener Art« lassen sich unendlich vielfältig ausgestalten.

Doch das Problem Europas liegt noch tiefer. Es liegt in der Unentschiedenheit der Frage, ob man einen Bundesstaat oder einen Staatenbund anstreben soll. Wenn man beides nicht will, fällt der Staatsbürger eines integrierten Staates in ein hoheitlich erzeugtes

Loch. Der Nationalstaat hat auf große Teile seiner Souveränität verzichtet, und damit kann er nicht mehr verantwortlich sein für das Wohlergehen seiner Staatsbürger. Die abgegebene Souveränität ruht nun in Europa. Aber die Europäische Union ist auch nicht »allzuständig« wie vordem der Nationalstaat. Die sogenannte Unteilbarkeit der Hoheitsgewalt ist aufgegeben und nicht auffindbar. Das bedeutet, »protectio« und »subjectio« entsprechen sich nicht mehr. Keiner der beiden, Europa nicht und der Nationalstaat auch nicht, kann Unterworfenheit des Bürgers unter seine Hoheitsgewalt mit der Begründung verlangen, er gewähre doch auch Schutz. Wenn keine der beiden Hoheitsgewalten diesen Schutz gewähren kann, wer kann dann Gehorsam erwarten? Unter Schutz in diesem Sinne verstehe ich nicht nur einen solchen vor der Bedrohung des Staates von außen, sondern – aus heutiger Sicht – in ganz besonderem Maße den Schutz gegen Verlust seines spezifischen Nationalcharakters. Schon bei Inkrafttreten der Römischen Verträge hatte ich Bedenken gegen die als großen Fortschritt gepriesene Arbeitnehmerfreizügigkeit, zu der dann später noch das Recht der Teilnahme an Kommunalwahlen trat. Wenn heute, wie das etwa in Spanien geschieht, illegal in einen europäischen Staat Eingereiste ohne Weiteres eingebürgert werden, damit so die Illegalität aufgehoben wird, sind diese Personen Unionsbürger, das heißt sie haben nun Freizügigkeit und Niederlassungsfreiheit in jedem europäischen Staat und auch in einem solchen, der sie selbst niemals eingebürgert hätte, sei es um sich vor Kriminalität zu schützen oder vor grenzenloser Migration, deren Gefahren lange Zeit verdrängt wurden und nun evident sind. Wir sind also auf der Grundlage des europäischen Rechts gezwungen, Personen in unserem Staat Aufenthalt und Betätigung zu gewähren, die wir sonst auf unserem Territorium nicht zugelassen hätten. Hier stimmen Schutz der eigenen Staatsbürger und Loyalitätsanspruch nicht mehr überein. Die Arbeitslosigkeit spielt dabei noch eine besondere Rolle. Ein hoher Funktionär aus Brüssel, den ich auf dieses Problem aufmerksam machte, erklärte, einem wahrem Europäer müsse es gleichgültig sein, ob es nun in Portugal oder in Deutschland Arbeitslosigkeit gebe. Ob er das einem deutschen Arbeitslosen ins Gesicht gesagt hätte, bezweifle ich. Ich konnte nur darauf hinweisen, dass jedenfalls die deutsche Arbeitslosigkeit nur mit deutschen Steuergeldern subventioniert werde.

Die seit Beginn der Integration wie ein Heiligtum propagierte Möglichkeit der Übertragung von Hoheitsrechten auf Europa amputiert die Souveränität des Nationalstaats. Nun erhebt sich die Frage nach ihrer Grenze. Zurzeit haben wir einen unvollendeten Bundesstaat Europa und auf die volle Staatsgewalt verzichtende Nationalstaaten, ein Zustand, der die Letztverantwortlichkeit einer jeden Hoheitsgewalt aufhebt. Manchmal hatte ich gar das Gefühl, es handle sich um die Flucht vor der Verantwortung. Der Nationalstaat kann sie bei Abgabe von Hoheitsmacht, etwa in Wirtschaft und Außenpolitik, nicht mehr tragen und will es vielleicht nicht mehr, und die Union bringt es nicht fertig, sie voll zu übernehmen.

Es gibt wohl nur zwei Wege, diesem Dilemma abzuhelfen. Entweder man vollendet einen Bundesstaat mit Zentralgewalt oder man geht langsam wieder zurück zur Konstruktion eines Staatenbundes, der die Letztverantwortung dem Nationalstaat belässt. Den zweiten Weg hatte Charles de Gaulle als politisches Ziel bezeichnet. Der erste Weg, Vollendung eines europäischen Bundesstaates, scheint bis heute von den europäischen Bürgern abgelehnt zu werden, und die Protagonisten Europas scheinen ihn auch nur mit halbem Herzen einzuschlagen. Wird aber einer der Wege nicht energisch beschritten, wird Europa weiter an Bedeutung verlieren – nicht nur machtpolitisch, sondern auch als Kulturraum.

XX

Die Bilanz

Überblickt man den Zeitraum meiner Erinnerungen, erscheint die Frage berechtigt, ob ein Erkenntnisgewinn zu verzeichnen ist. Jede historische Betrachtung lässt sich einem solchen Test unterziehen, doch wenn sie sich in der Sicht ganz persönlicher Erlebnisse verdichtet, kann man ihrer Bewertung weniger ausweichen als es im Hinblick auf Zeitläufte gilt, in denen man kein Beteiligter war.

Stellt man dabei fest, dass es Endgültigkeiten offenbar nicht gibt, klingt das banal. Aber es ist doch ein großer Unterschied, ob man diese Banalität aus der historischen Darstellung erfährt oder konkret erlebt. Viele der politischen Akteure, die in meinem Leben eine Rolle gespielt und deren Aktionen ich selbst erlebt habe, waren sich der Realität der niemals bestehenden Endgültigkeit entweder nicht bewusst oder haben sie verdrängt. Dabei kann man feststellen, dass der Proklamation von Banalitäten in politischen Reden und werbenden Auftritten ungehemmt Raum gegeben wird.

Wann immer in dem von mir beschriebenen Zeitraum ein fundamentaler Wechsel der Staats- und Regierungsgestaltung eintrat, wurde er als eine Art Schlusspunkt verfehlter Entwicklungen vorgeführt. Das neue System wurde so lange als nun unverlierbarer Fortschritt gepriesen, bis die Ernüchterung eintrat. Die Idee der Volkssouveränität, verbürgt als Kern der Verfassung von 1919, wandelte sich in die Maxime, dass der Wille des Führers oberstes Gesetz sei, und das quasilegal durch das Ermächtigungsgesetz. Der Parlamentarische Rat verfügte dann die Volkssouveränität erneut und war so verschreckt von der Vergangenheit, dass nun Unverbrüchlichkeiten und Unabänderbarkeiten im Grundgesetz verordnet wurden. In der DDR wurde der Marxismus in seiner sogenannten Gesetzmäßigkeit jeder Staatsgestaltung übergeordnet, nämlich als niemals mehr einer Änderung zugänglich. Der Parlamentarische Rat hatte nun auch das Grundgesetz durch die Zulässigkeit der Übertragung von Hoheitsrechten geöffnet, woraus dann die Diskussion darüber entstand, ob diese Übertragung ihre Grenze finde, wenn damit die Unverbrüchlichkeiten der Verfassung in Gefahr geraten. Die Demokratisierung Europas, unter der Maxime der immer weiter fortschreitenden Integration, stieß dann an ihre Grenze, als eine Europäische Verfassung (bislang) nicht zu erreichen war, gerade weil der demokratische Grundsatz der Volkssouveränität bei Volksabstimmungen ein demokratisches Europa demokratisch verhinderte. Alle von Politikern so gern und so oft als unumkehrbarer Fortschritt präsentierten Vorgänge gerierten sich so, als sei nun auch der Begriff der Revolution aus der Welt verbannt.

Meine eigenen Eindrücke von der Demokratie in den geschilderten Phasen wurden allerdings von einer gewissen Ernüchterung geprägt. Sie besteht in der Feststellung, dass Demokratie als Volksherrschaft, beruhend auf Volkswahlen, der ständigen Gefahr unterliegt, zur Herrschaft des Mittelmaßes zu werden, was gleichermaßen für die deutsche wie für die europäische Demokratie gilt. Diese Gefahr ist schon von Aristoteles vermerkt worden. Wenn bei Thomas Hobbes der Mensch dem anderen als Wolf gegenübertritt (homo homini lupus), treten in der Demokratie der Dumme dem Klugen und der Soziale dem Asozialen als gleichberechtigt gegenüber. Die Gleichheit, die als fromme Lüge fingiert wird, neigt zur Einebnung auch fruchtbarer Unterschiede. Dennoch möchte ich an der Demokratie als Regierungsform festhalten, denn die Diktatur habe ich auch erlebt. Nur sollte die Volksherrschaft gepaart sein mit der Möglichkeit der Elitebildung, also mit einem aristokratischen Aspekt im Sinne der Herrschaft der Besten. Wenn diese behindert oder gar unmöglich wird, sollten wir uns an die aristotelischen Schlussfolgerungen erinnern. Es ist an der Zeit.

Was Eliten bedeuten, wie sie wirken und wie sie sich bewähren, habe ich in der NS-Zeit, im Widerstand gegen das Regime und im Krieg so persönlich erlebt, dass mir das als eine fundamentale Forderung erscheint, die ich an die Zukunft stellen möchte. Eliten in meinem Sinne werden durch Personen gebildet, die bereit sind, sich für Prinzipien, deren Wert sie für unabdingbar halten, mutig und gegebenenfalls auch gegen Zeitströmungen einzusetzen. Das galt für die Weimarer Republik, für die NS-Zeit, für meine Kriegserlebnisse, für

Turbulenzen in der Nachkriegszeit, insbesondere die Studentenunruhen – und immer stärker für die Zeit, in der wir nun leben. Wenn es seit 1968 geradezu hektisch immer wieder um die Frage der Hochschulorganisation in immer neuen Gesetzen ging, wenn darüber in Diskussionen der Politiker und der Bildungsmanager immer wieder gestritten wurde, war ich oft fassungslos. Ich sagte dann oft in entsprechenden Kongressen und Verhandlungen, in denen es um Universitätsreformen ging, man möge doch endlich die allein entscheidende Frage beantworten: Auf welchem Niveau soll der Hochschullehrer seine Pflicht zur Lehre und zur Vermittlung der Wissenschaft ausüben? Versuchen wir, auch den letzten Unbegabten im Studium mitzuschleppen, werden wir für den besseren Nachwuchs nicht das leisten können, was zur Elitebildung führen würde. Lehren wir für die Besten, bleiben allerdings diejenigen auf der Strecke, die nicht wenigstens das Mittelmaß erreichen. Für beide Gruppen kann man nicht lehren. Ein Volk, das über keine wesentlichen Rohstoffe verfügt, wie das bei uns der Fall ist, kann und soll alle seine Kräfte auf die Förderung der Bildung konzentrieren. Sie ist sein Rohstoff und die einzige Chance einer stabilen Demokratie.

Ich komme auf den Beginn meiner Schlussbetrachtung zurück. Nur eine einzige Endgültigkeit scheint mir zu bestehen, und ich fand sie in einem französischen Chanson. Sie lautet: »Nous sommes les voyageurs qui cherchent l'autre rive – et nous sommes les voyageurs qui jamais arrivent.«

Claus J. Duisberg

Das deutsche Jahr
Innenansichten der Wiedervereinigung 1989/1990
392 Seiten. 24,90 Euro
ISBN 3-937989-09-9

In seinem Bericht über das Wendejahr von 1989/1990 erzählt Claus J. Duisberg, der als Leiter des »Arbeitsstabes Deutschlandpolitik« im Bundeskanzleramt maßgeblich an den innerdeutschen Verhandlungen beteiligt war, von der elementaren Dynamik der Ereignisse, denen sich die politisch Verantwortlichen gegenübersahen. Denn schon bald nach dem Fall der Mauer befanden sich sämtliche Institutionen der DDR in einem derart dramatischen Zerfall, dass alle Planungen, mit denen man die Entwicklung in geordnete Bahnen zu lenken versuchte, nur wenige Wochen Bestand hatten. Weder Bonn noch die alliierten Mächte konnten dem Gang der Dinge Einhalt gebieten, und auch Michail Gorbatschow war schließlich mehr ein Getriebener als ein Treibender. Einem Sturzbach gleich hatte sich die Einheit binnen weniger Monate hergestellt.

Claus J. Duisbergs Bericht ist nicht nur eine präzise, detaillierte und brillant erzählte Darstellung eines der glücklichsten Jahre in der Geschichte des 20. Jahrhunderts; er ist zugleich auch ein Lehrstück, dass in Zeiten revolutionärer Umbrüche die Geschichte selbst handelnde Kraft besitzt.

»...ein kenntnisreiches, lesenswertes Buch, das uns an die Schwierigkeiten und das Glück der Deutschen der Einheit erinnert.« *Die Welt*

wjs

Malte Herwig

Eliten in einer egalitären Welt

182 Seiten. 18,- Euro
ISBN 3-937989-11-0

Die Bundesrepublik ist unter den führenden Industrieländern das einzige Land ohne Elitebildungs-Einrichtungen, in dem auch eine tief verwurzelte Abneigung gegen alles besteht, was nur entfernt nach Elite klingt. Selbst die Einführung von Studiengebühren rüttelt in den Augen vieler am Fundament der Chancengleichheit.

Malte Herwigs geistreicher Essay ist ein Plädoyer für einen gelassenen Umgang mit dem Thema Elite und versucht zugleich, Denkanstöße zu geben, wie man mit der Herausforderung der Ungleichheit umgehen soll. Auch eine Demokratie, so sein Fazit, kommt nicht ohne exzellent ausgebildete Eliten aus. Das muss man im Auge behalten, wenn man sich an die Reform des Bildungswesens für das 21. Jahrhundert macht.

»Ein kenntnisreicher Blick über den bildungspolitischen deutschen Jägerzaun.« *NDR Kultur*

wjs

1. Auflage
© 2008 wjs verlag, Wolf Jobst Siedler jr. · Berlin

Schutzumschlag: Dorén + Köster, Berlin
Satz: Dorén + Köster, Berlin
Druck und Bindung: CPI Moravia Books, Korneuburg
Printed in Czech Republic

ISBN: 9-783-937989-40-2

www.wjs-verlag.de